¿Cuántas veces te lo tengo que decir?

Primera edición: junio de 2019

ISBN: 978-84-17623-12-8
Depósito legal: B 1731-2019

Diseño de cubierta: Anna Juvé
Maquetación: Àngel Daniel
Impresión y encuadernación: Romanyà Valls
Impreso en La Torre de Claramunt

arpa
Manila, 65
08034 Barcelona
arpaeditores.com

Maribel Martínez

¿Cuántas veces te lo tengo que decir?

Soluciones eficaces y sencillas para conseguir
que nuestros hijos nos escuchen y nos respeten

arpa

A mis padres,
mi primera fuente de amor.

A mi hija, un ser maravilloso.
Gracias por todo lo que me has enseñado.

SUMARIO

Agradecimientos

Vaya por delante mi agradecimiento a todos los padres y madres a quienes he tenido la satisfacción de ayudar y que confiaron en mí siguiendo las pautas que expongo en esta obra, a pesar de que algunas de ellas les sorprendieran en un primer momento.

Un libro que es asimismo fruto de cuanto he aprendido de todos mis maestros y de los terapeutas con los que me he formado: Giorgio Nardone, Karin Schlanger, Miguel Herrador, Bill O'Hanlon, David Burns, Mathew Selelkman, Cloé Madanes, Joan Garriga, Mireia Darder, Andrea Fiorenza, Roberta Milanese, Luis Santiago, Walter Riso... Todos ellos me han enriquecido como persona y como profesional.

Gracias también a mis amigos Ricard y Marga por sus sabias críticas constructivas.

Por último, pero no menos importante, debo mi agradecimiento al ilustre académico y profesor Francisco Rico, que siempre confió en mí y sigue haciéndolo con los ojos cerrados. Así como a los editores de este libro, Joaquín y Álvaro Palau, padre e hijo, que han logrado con Arpa una combinación perfecta de experiencia, sabiduría, elegancia y tradición a la par que modernidad y visión de futuro.

Por cierto, queridos lectores, podéis subrayar, anotar y escribir en cada página de este libro, si eso ayuda a poner en práctica los conceptos y pautas. Si fuera así, haberlo escrito habrá merecido la pena.

Prólogo

Este es un libro sobre la difícil tarea de educar a los hijos, escrito bien entrado ya el siglo XXI. Si observásemos apenas una o dos generaciones atrás, comprobaríamos cuánto han evolucionado los objetivos educativos de los padres. Familias que vivieron una posguerra y una dictadura, para las que sobrevivir sin pasar hambre fue una prioridad. Los hijos tenían que crecer y, en cuanto fuera posible, ponerse a trabajar para dejar de ser una carga para la familia, que solía ser numerosa. Los matrimonios eran para toda la vida y la mayoría de padres no tenía estudios superiores. Se establecía un tipo de relación padres-hijos en consonancia con la realidad social, muy vertical y autoritaria.

La siguiente generación, a partir de los años sesenta y setenta, se centró en formar académicamente a los hijos y ofrecerles la oportunidad de tener un trabajo que les permitiera prosperar. Los padres podían estar pluriempleados y las madres comenzaron a incorporarse al mundo laboral. El control de natalidad ayudó a reducir el número de hijos, que bajó a una media de dos o tres. El divorcio posibilitaba que las parejas infelices pudieran rehacer su vida. El contexto sociológico y político de una democracia a partir de los años ochenta facilitó una relación paternofilial más cercana y transversal en la que los niños también tenían voz.

Actualmente, los objetivos educativos de los padres tienen en cuenta muchos aspectos: la educación en los valores, la inteligencia emocional, la formación académica, las actividades extraescolares, el aprendizaje de idiomas, la práctica de deporte, la alimentación sana, etc. Son padres que se preocupan por todo lo que afecta a sus hijos y se dedican a ellos en cuerpo y alma. Acuden a cursillos, leen libros, se implican en las asociaciones de madres y padres de los alumnos (AMPA) y en otras entidades relacionadas con sus hijos. En general, ambos miembros de la pareja trabajan, disponen de más recursos y cuentan con la ayuda de algún abuelo. Podría decirse que es una generación que ha «profesionalizado» la paternidad. Quieren ser padres excelentes, que sus hijos no sufran, que tengan una magnífica preparación para la vida y que sean felices.

A priori todo ello debería entenderse en clave positiva. Pero la realidad es que a menudo se desatiende el objetivo más importante: educar a nuestros hijos en la autonomía personal y los valores. En efecto, cada vez conocemos más casos de niños dependientes, inseguros, con trastornos de ansiedad, miedos, fobias, baja tolerancia a la frustración, adicción a las pantallas, rebeldía, falta de control de los impulsos, problemas para dormir, baja autoestima, poca capacidad organizativa, falta de motivación, etc.

A lo largo de este libro analizaremos de qué manera la mayoría de padres, aun con la mejor de las intenciones, se desvía de sus objetivos iniciales sin darse cuenta. Por ejemplo, ante el objetivo de que nuestro hijo coma de manera saludable, es decir, nutrientes variados (verdura, proteína, fruta, hidratos, mínimos azúcares, etc.), muchos padres topan con la típica dificultad de que al niño no le gustan determinados sabores (habitualmente verdura, pescado, fruta, etc.) y se niega o se resiste a probarlos. Ante eso, para que el niño no se quede sin comer, los padres le ofrecen una alternativa que saben menos conflictiva. De tal modo que el niño aprende que al negarse a probar algo o comer poca cantidad, le acabarán dando otro alimento que le gustará más. Sin advertirlo, los padres refuerzan el hecho de que el niño no pruebe ni coma ciertos alimentos que necesita para su salud. *Grosso modo* es así como se forma el problema, cayendo en la trampa de que «mejor que se tome un yogur que no que se vaya a la cama sin cenar». Sustituimos el objetivo de comer sano por el de comer. Si los padres actúan siempre de este modo, el problema se cronificará.

Detrás de esta bienintencionada reacción está el anhelo de que nuestros hijos sean felices. Tenemos en cuenta sus deseos para que sufran lo menos posible y que no haya conflictos. También subyace una concepción del niño como un ser débil o frágil, cuya salud puede peligrar si puntualmente una noche no cena. Como veremos, tales suposiciones y este modo de actuar pueden conducir fácilmente a un tipo de relación hiperprotectora y permisiva, lo que se conoce como hiperpaternidad*.

---

* Sobre el término «hiperpaternidad»: Millet, Eva (2016): *Hiperpaternidad*, Barcelona, Plataforma Actual; Levine, Madeline (2012): *Teach your children well: Parenting for authentic success*, Nueva York, Harper Perennial; Honoré, Carl (2008): *Bajo presión. Cómo educar a nuestros hijos en un mundo hiperexigente*, Barcelona, RBA; O'Malley, Stella (2015): *Cotton wool kids. What's making Irish parents paranoid*, Cork, Mercier Press; McCullough, Jr. David (2014): *You are not special and other encouragements*, Nueva York, Harper Collins.

En cada capítulo abordaremos una de esas grandes problemáticas a las que nos hemos enfrentado todos los padres, veremos cómo se han generado y, lo más importante, cómo podemos resolverlas. Así, propondremos:

- Pautas concretas y eficaces para conseguir educar a nuestros hijos como personas autónomas y con valores.
- Estrategias para resolver los problemas que ya hemos intentado solucionar sin éxito. Especialmente aquellos sobre los que hemos pensado «ya no sé qué hacer» o «lo he intentado todo».
- Una explicación sobre cómo se generan estos problemas cotidianos.
- Técnicas eficaces para conseguir el objetivo saludable. Algunas sorprenderán.
- Reflexión y autocrítica sobre cómo nos desviamos, sin darnos cuenta, de los objetivos iniciales en la educación de los hijos.
- Una nueva perspectiva educativa en la que nos cuestionemos como padres sistemáticamente: «Esto que hago ¿funciona? ¿Consigo el objetivo que quería? ¿Cuántas veces he de hacer o decir algo y comprobar que no funciona para descartarlo como solución y hacer algo diferente?».

A quién va dirigido

Básicamente a los padres y madres de niños y niñas de 5 a 12 años, es decir, toda la etapa de educación primaria. Naturalmente, como cualquier texto focalizado en la educación infantil, confío que también será de utilidad para maestros y educadores.

Asimismo, al ser un libro que nace de la práctica terapéutica, espero que muchos psicólogos hagan suyas las más de setenta herramientas y pautas que encontrarán aquí, con las que podrán ayudar a las familias con las que traten.

Cómo se estructura

Hemos dividido el libro en diez capítulos según los temas que consideramos más importantes para la educación en esta etapa de la infancia, los problemas que más preocupan a los padres que vienen a nuestra consulta.

Encabeza cada capítulo una frase o una expresión que los padres repiten habitualmente para intentar solucionar alguno de esos problemas cotidianos. Muchos os sentiréis identificados con ellas, pero, como veremos, son fórmulas que no funcionan.

La estructura de cada capítulo sigue las mismas pautas que utilizamos durante la terapia. Es decir, partimos de la descripción de un caso real en el que, obviamente, por motivos de confidencialidad, hemos cambiado los nombres y algunos datos que pudieran hacer reconocible a la familia protagonista. A continuación, se analiza cómo ha surgido el problema y qué intentos de solución se han puesto en marcha y no han funcionado. Especificamos el objetivo que se ha de alcanzar para resolver el problema. Finalmente, se aportan pautas y estrategias para que los padres lo puedan resolver.

Cómo leerlo

Nuestra recomendación es leer primero el prólogo. A continuación, los tres primeros capítulos, por ser los que ayudan a estructurar a la familia tanto en sus vínculos como en su funcionamiento diario. El resto de capítulos puede leerse en el orden que más urja, interese o motive al lector.

En qué nos basamos

Nuestra práctica terapéutica se basa en la terapia breve estratégica*, que podríamos definir en pocas palabras como la manera de resolver en poco tiempo problemas humanos complejos mediante soluciones aparentemente simples. Se trata de una terapia orientada a la solución.

Como terapeutas, observamos a nuevas generaciones de padres depositar en los hijos todo su amor y atención. Albergan magníficas expectativas de cómo debería ser la vida de sus hijos. Dejan de ser pareja para convertirse en padres, porque todo su tiempo, energía y atención se dirigen a su prole. Los niños nacen y se convierten indefinidamente en el centro de la familia. Todo gira en torno a ellos. Crecen sabiendo que sus necesidades son lo primero y que sus padres siempre se encargan de hacer que todo sea fácil.

---

* Esta terapia nace de la teoría de la comunicación antropológica de G. Bateson; de la epistemología cibernético-constructivista de H. von Foerster y de E. von Glasersfeld y de los estudios de hipnosis de M. Erickson. Paul Watzlawick y el Mental Research Institute de Palo Alto profundizaron y sistematizaron los principios teóricos y metodológicos de la comunicación en sus aspectos terapéuticos. Giorgio Nardone ha contribuido con protocolos de tratamiento para diferentes trastornos clínicos.

Estos padres, queriendo lo mejor para su hijo,

- Lo sobreprotegen, se adelantan a sus dificultades y miedos porque no quieren que lo pasen mal.
- Le ayudan en todo.
- Le preguntan la opinión sobre todo.
- Lo apuntan a múltiples actividades extraescolares.
- Lo sustituyen si hace falta (le hacen los deberes, hablan por él, le visten, le dan de comer...).

Pero también observamos qué efectos tiene todo ello. Básicamente mensajes entre líneas, como:

- Te protejo porque no quiero que te pase nada. No soportaría que te hicieras daño ni que lo pasases mal.
- Te ayudo en todo lo que puedo o directamente lo hago por ti porque así acabamos antes (los deberes, vestirse), porque tú solo no puedes.
- Te pregunto sobre todo para que las cosas estén a tu gusto, para que seas feliz y porque no soportarías la frustración de que fueran diferentes a como tú quieres.
- Tu opinión vale tanto como la mía (tenga la edad que tenga el niño), quiero consensuarlo todo contigo y que estés de acuerdo, así harás las cosas convencido.
- Te lo explico y pregunto todo porque no quiero conflictos en esta familia y siempre nos entenderemos dialogando porque somos amigos.

Y esto tiene consecuencias importantes en el niño:

- No aprende a tolerar la frustración.
- No sabe manejar emociones como la rabia o la ira.

- Cree tener derecho a todo, puede llegar a convertirse en un déspota.
- No aprende a realizar tareas que por edad podría realizar y le haría sentir bien.
- No se siente capaz de superar las dificultades que se presentan.
- Provoca conflictos porque sabe que los padres, para que «haya paz», cederán.
- No se plantea retos, antes de empezar ya se siente fracasado.
- Instaura la «ley del mínimo esfuerzo».
- Padece una gran sensación de incapacidad.
- Muestra baja autoestima.
- Es muy inseguro.
- Tiene muchos miedos.

Ahí está el pez que se muerde la cola (lo que denominamos «causalidad circular»): los padres perciben a sus hijos como seres frágiles. Les sobreprotegen. Los niños viven entre algodones y cada vez les da más miedo crecer. Perciben que afuera las cosas son difíciles. No se sienten capaces. Los padres siguen protegiéndoles. Los niños interiorizan que si se les ayuda es porque en realidad ellos solos no pueden llevarlo a cabo. Aumenta su inseguridad y disminuye su autoestima. Los padres ven que sus hijos se sienten inseguros, por lo que aún les protegen más.

También encontramos padres demasiado permisivos, que para que sus hijos se sientan felices procuran evitar su frustración, ponerles límites o decirles que no. En estos casos la causalidad circular se basa en esa idea de permitírselo todo, a menudo para compensar el poco tiempo que pasan con los hijos y por pena y hasta temor de disgustar o enojar al hijo. A partir de ahí tenemos los ingredientes perfectos para que ese pequeño crezca con tics despóticos, creyendo tener derecho a todo y enfadarse de manera desproporcionada ante a cualquier «no». Son los futuros adolescentes tiránicos, que han crecido pensando que mandan en la familia y que las cosas han de ser como ellos digan, que poseen todos los derechos y ninguna obligación.

En los últimos veinte años, en mi práctica diaria como profesional pionera en la terapia breve estratégica en España, he podido ver y comprobar los modelos que no funcionan (autoritario, hiperpermisivo, sobreprotector, hiperestimulador, hiperpaternal, etc.) y diseñar un modelo práctico mediante el cual ofrecer pautas, herramientas y estrategias a muchos padres para resolver los problemas cotidianos de la educación de sus hijos.

Aunque pudiera creerse que problemas como el miedo a la oscuridad, las peleas entre hermanos o la negativa a ir al colegio requieren que el niño vaya a terapia, mi experiencia me ha demostrado que no es así. Trabajamos con los padres y les proporcionamos las pautas que han de aplicar para resolver cada problemática. Los padres son los guías de los niños, de modo que reforzando ese concepto los progenitores se convierten en las personas confiables que cuando un hijo está mal pueden ayudarle de forma definitiva y en poco tiempo.

También utilizo y expongo aquí otras fórmulas educativas de reconocida validez. Junto a las estrategias, configuran un conjunto ecléctico muy eficaz para guiar a los padres en la difícil tarea de educar.

Por último, debo confesar lo mucho que he aprendido de la maravillosa y difícil experiencia de la maternidad en primera persona. Siempre lo digo: no hay máster con el que haya aprendido tanto como con mi hija. Antes de nacer ya me enseñó que no debía aspirar a ser una madre perfecta, pues, lo confieso, yo también quise serlo en un primer momento. Pero por mucha teoría que yo supiese, por muchas familias a las que ya hubiese ayudado, no sería nunca una madre 10. Me equivocaría seguro. La ansiedad con la que hubiera vivido esa autoexigencia me habría llevado al desastre. De modo que me sigo equivocando y sigo aprendiendo. Recuerdo que al ponerle límites a mi hija, cuando era pequeña, y en respuesta a sus quejas, opté por decirle: «Es que te ha tocado la peor madre del mundo», afirmación que ponía fin a su protesta, pues ambas estábamos de acuerdo en que yo era «tan mala que era la peor» porque le había contestado a algo que no. Con el tiempo ella entendió por qué lo hacía. Pero mientras tanto, «ser la peor madre del mundo»* significaba que le ponía límites o una dificultad que ella debía superar, y que eso la haría crecer, sentirse capaz, más autónoma, con más autoestima y con valores, en este caso el del esfuerzo. Así, mientras oía mi autodefinición, aparentemente nefasta, yo pensaba: «¡Vamos bien!».

---

* Años después tuve el honor de conocer a la escritora y guionista Anna Manso, conocida como «la peor madre del mundo», excelente profesional, acorde a las ideas de este libro, y maravillosa persona.

1

El respeto. El rol de los padres y el de los hijos

«¿Quieres hacer el favor?»

«No podemos proteger a nuestros hijos de la vida,
por tanto, es esencial que los preparemos para ella».

RUDOLF DREIKURS

Toni y Marga acuden a mi consulta desesperados. Tienen dos hijos, Iván y Adri, de 10 y 5 años respectivamente. Lo primero que me dice el padre al entrar en la consulta es: «Esto se nos está yendo de las manos». Relatan diversos ejemplos cotidianos en los que intentan, sin mucho éxito, que sus hijos les respeten y cómo, en ocasiones, el mayor llega a insultarles. Una escena típica con el más pequeño es el momento en que está jugando en el parque y se le dice que hay que volver a casa, que ya es la hora. Adri comienza a chillar: «¡No! Todavía no. ¡No quiero!», y le da patadas a la madre, quien se ha resignado a aprender a esquivarlas. Cuando le digo que eso es una agresión, responde: «Bueno, ya sabes, cosas de niños, es pequeño». Marga «pacta» «un ratito más» y le explica al niño que luego se tendrán que ir porque ella tiene que hacer la cena y él tendrá que bañarse, y si se hace tarde no dará tiempo. Sin embargo, cuando le dice que ya ha pasado el tiempo añadido, la escena se vuelve a repetir, de manera que muchas veces lo acaba llevando a casa en brazos y pataleando.

El comportamiento de Iván, de 10 años, demuestra que no obedece ni respeta a sus padres. Nunca han logrado que los ayude a poner la mesa para la comida. Iván se niega cada vez. De pequeño ponía mil excusas: «Estoy jugando», «Ahora voy», «No sé hacerlo», etc. A medida que iba creciendo, su padre, viendo que no obedecía, se enfadaba, ya no era tan amable e intentaba mostrarse más serio. Pero el resultado era el mismo: Iván no colaboraba, ni con esa tarea ni con ninguna otra. Al contrario, el tono de las respuestas fue alzándose hasta alcanzar un grado inadmisible. Ante esta situación, la madre acusa al padre de tener poca paciencia y cuando Iván comienza a chillar prefiere asumir ella las tareas para mantener la paz en la casa.

En los últimos meses Iván ha insultado a la madre en varias ocasiones cuando ha recibido un «no» como respuesta. Un día en que el padre le prohibió ver una película que acababa de madrugada, Iván empezó a chillar: «Porque lo digas tú», «Haré lo que me dé la gana»; ante lo cual, la madre, para calmar la escena, intentó convencer al padre (delante del hijo) de que «por un día, no pasa nada». La respuesta de Iván, volviéndose con cara de odio hacia el padre, fue: «Es que eres imbécil, me tienes harto». La madre miró a su marido con expresión de «mira la que has liado» y el padre, enfadado, se levantó del sofá y se encerró en su habitación. Iván vio la película hasta el final.

Ambos llegan a la consulta peleados entre ellos, reprochándose el uno al otro la falta de respeto de su hijo y viendo, además, cómo el pequeño Adri, con tan solo 5 años, empieza también a levantar el tono de voz y a oponerse a los padres de forma más agresiva.

OBJETIVO

- Conseguir que los hijos respeten a los padres.

Este es un objetivo trascendental en la educación de los hijos. A partir de él conseguiremos todos los demás. Si un hijo no respeta a sus progenitores difícilmente les puede obedecer. En muchas ocasiones, los padres pretenden conseguir la obediencia cuando todavía no se han ganado el respeto. En general, una persona puede lograr ser respetada de dos maneras:

- Imponiendo miedo: un modelo autoritario nada recomendable.
- Logrando ser una persona «respetable» en el sentido literal del adjetivo, es decir «digna de respeto».

Desde mi punto de vista, se trata del concepto fundamental de la relación entre padres e hijos, y no viene dado de fábrica por el hecho de ser papás. Hay que ser digno de ese respeto. Es decir, hay que ganárselo.

CÓMO SE CREA EL PROBLEMA

Debemos contextualizar el problema en la sociedad española actual, y podemos remontarnos hasta un par de generaciones anteriores para entender cómo han evolucionado los objetivos de los padres.

Una posguerra y una dictadura condicionaban todo. Sobrevivir y no pasar hambre en un entorno con pocos recursos y mucha opresión era lo prioritario. Los hijos tenían que espabilar rápidamente y no ser una carga. Con cinco o seis años se ocupaban de los hermanos más pequeños y en cuanto podían comenzaban a trabajar para ayudar a la familia, que solía ser numerosa.

La generación posterior, la de los años sesenta y setenta, procuró que los hijos pudieran estudiar y dispusieran de más opciones laborales. Las familias ya no eran tan numerosas (dos o tres hijos).

En la actual generación de padres encontramos personas con formación académica y acceso a un caudal inagotable de información. Su objetivo es que los hijos triunfen y sean felices y, si es posible, que sean brillantes y no les falte de nada. Las familias actuales son muy diferentes a las de nuestros padres y abuelos. Tienen entre uno y dos hijos, y los padres sienten su éxito o fracaso como propios.

Los padres se han «profesionalizado». Antes de tener un hijo ya han consultado libros sobre el embarazo, el parto y la crianza. Antes de que nazca la criatura ya han acudido a cursos y charlas. Se informan ampliamente sobre temas pedagógicos, nutricionales o de primeros auxilios. Por lo general, este proceso se vive con mucha ansiedad, porque algunas de estas tendencias son contradictorias entre sí y llegan a generar inseguridad y angustia frente a su rol de padres. Creo que hemos de hacer más caso al propio sentido común. Todos lo tenemos, pero algunas personas confían más en esa información externa, que no siempre es fiable.

Para la actual generación de padres y madres el objetivo es que los hijos sean felices, a toda costa. Como objetivo no es malo, pero primero habría que definir qué significa ser feliz, lo que sería motivo de otro libro o de otros muchos. En todo caso, para ejercer como padres saludables que pretenden que sus hijos sean felices, deberíamos tener presente siempre que una de nuestras misiones es educar en la autonomía personal y en los valores, y no confundir ser feliz con conseguir siempre lo que uno quiere, ni consentir todo para no causar ningún disgusto o frustración.

Para entender cómo es posible que los padres no sean respetados por sus hijos, describiremos los dos modelos familiares más habituales hoy en día: el sobreprotector y el permisivo. A veces, incluso, ambos conviven en la misma familia.

Los padres sobreprotectores son aquellos que, a medida que crece el bebé, no «actualizan» su percepción del hijo y lo siguen tratando como si no fuera capaz de hacer prácticamente nada él solo. Estos padres cronifican la ayuda en las tareas cotidianas, como vestirse, comer y hacer los deberes. Asocian las dificultades propias del aprendizaje con el sufrimiento, sin valorar que los niños, al superarlas por sí mismos, se sienten más capaces y su autoestima aumenta progresivamente. Podríamos decir que este tipo de padres no quiere que sus hijos sufran ni física ni emocionalmente. Esta manera de actuar crea en el niño una sensación de inseguridad muy grande: se siente débil e incapaz, lo cual tiene consecuencias para su autoestima, y se convierte a menudo en una profecía autocumplida. Esta actitud impide una de las misiones más importantes de los padres: prepararlos para la vida mediante las pequeñas dificultades cotidianas, que tendrán que superar y les harán crecer.

Por su parte los padres permisivos, con el objetivo de que sus hijos sean felices, evitan que se frustren. Con la mejor de las intenciones, les permiten casi todo y se sienten bien cada vez que su hijo les pide algo y pueden contestarle que sí. Son niños que ignoran qué es un «no» como respuesta, no tienen límites y están muy consentidos. Creen que por el hecho de existir ya tienen derecho a todo. En general son padres que trabajan mucho, y durante el poco rato que ven a los hijos no quieren enzarzarse en una discusión. Piensan: «Para un ratito que estoy con él...».

Por ejemplo, cuando Adri quiere quedarse en el parque un rato más y le complacen, después de haber agredido a la madre. Marga empatiza con el deseo de su hijo, le da pena —«Pobrecito, es normal que quiera jugar»— y no tiene en cuenta la manera en que el niño lo ha conseguido. La madre, sin darse cuenta, ha reforzado positivamente ese comportamiento. Adri se habrá salido con la suya, de modo que el próximo día volverá a hacer lo mismo. Ante cualquier negativa de los padres, él incrementará el nivel de la agresión o el tono de voz, y si logra quedarse un poco más jugando habrá aprendido que «si insisto lo consigo», «si pego o chillo tengo lo que quiero».

Otra característica común, y bienintencionada, de esta generación de padres y madres es que se relacionan con sus hijos como si fueran sus iguales, es decir, siempre tienen en cuenta sus opiniones y deseos. Pero, como hemos visto, la buena intención no siempre es efectiva. Pongamos algún ejemplo:

- ¿Qué quieres para merendar? (posibles respuestas: bollería industrial, chocolate, nada, unos caramelos, etc.).
- ¿Dónde queréis ir de vacaciones? (posibles respuestas: infinitas y posiblemente ninguna realista con la economía familiar; y si hay más de un hijo, cada uno querrá algo diferente).
- ¿Vamos a la playa mañana? (posible respuesta: no, quiere ver dibujos todo el día).
- ¿A qué colegio quieres ir? (posible respuesta: al que vaya su amigo).
- ¿Qué quieres cenar? (posibles respuestas: pizza, macarrones, etc.).
- ¿Quieres ponerte el abrigo? (posible respuesta: no, aunque haga 5 grados de temperatura).

- ¿Te quieres quedar esta tarde en casa de los abuelos? (posible respuesta: no, que allí no están sus juguetes, quiere ir a casa).

Incluso cuando el objetivo es que el niño colabore con alguna tarea de la casa, en lugar de decir «Ayúdame a poner la mesa» o «Ve poniendo la mesa mientras acabo de hacer la cena» les preguntan:

- ¿Pones la mesa?
- ¿Qué tal si vas poniendo la mesa?
- ¿Quieres poner la mesa?

La lista de ejemplos no acabaría nunca, porque los padres, para tener a sus hijos contentos y «hacerles felices», son capaces de preguntárselo casi todo. Obviamente, si nos ponemos a pensar lo que significan esas preguntas para un niño concluiremos que no está preparado para contestarlas porque no sabe nada sobre nutrición, economía familiar, medicina, logística, conciliación familiar, pedagogía, criterios educativos, etc.

No solo no pueden responder de forma eficaz a esas preguntas y, por tanto, lo harán en función de sus intereses infantiles, sino que reciben un mensaje entre líneas de que se les tiene en cuenta para todo, su opinión se puede considerar a la misma altura que la de los progenitores, las cosas han de ser a su gusto, no pueden frustrarse, tienen voz y voto igual que los papás, etc. Los padres tratan a los hijos como si fueran sus iguales, como si fueran amigos.

El problema comienza cuando la respuesta del hijo no es factible. ¿Qué sucede si responde que para merendar quiere caramelos o una tableta de chocolate? Se le dice que no puede ser. El niño estalla en cólera, pues se le ha creado una expectativa falsa al preguntarle su opinión, y ahora su deseo no se hará realidad; lo cual es una contradicción. El niño crece entendiendo que lo que él desea es prioritario para todos. De esta manera, en la jerarquía familiar su posición es privilegiada, está incluso por encima de los padres, y, por tanto, por encima de él no hay nadie. ¿Dónde encontrar la figura de guía y autoridad en su vida?

Los niños no tienen experiencia vital para tomar determinadas decisiones, la adquieren progresivamente y se les puede ir enseñando, como veremos en el siguiente capítulo, pero lo más grave al respecto es entender el rol familiar que ocupan. Los hijos necesitan que los padres les guíen y les enseñen cómo se han de hacer las cosas. Necesitan sentir que sus progenitores son fiables y saben qué hay que hacer y cómo hacerlo. Eso les da seguridad.

En un caso como el que hemos descrito, en el que los hijos no respetan a los padres, es importante entender cómo se ha llegado a ese punto en que un niño de 5 años agrede físicamente a su madre y otro de 10 la insulta.

Los padres quieren que los hijos les obedezcan y les respeten. Para ello les explican con toda la paciencia del mundo los motivos por los cuales han de hacer las cosas («Nos tenemos que ir a casa porque tengo que hacer la cena, y tu tendrás que darte un baño antes de dormir y si no nos vamos ahora se hará muy tarde y todo se retrasará, dormirás menos y mañana tendrás sueño y estarás cansado»). Los padres quieren que los hijos les entiendan, pero los niños no atienden a estas razones. ¿Alguien realmente imagina una respuesta del tipo?: «Es cierto, vámonos ya que así no te estresarás y dará tiempo a todo, yo ya he jugado un buen rato y volveremos otro día». Pues no. Eso no va a pasar. De modo que dar tantas explicaciones no funciona. En la infancia no se razona así.

Ellos viven el presente y por tanto no pueden prever, como los adultos, las consecuencias de la falta de planificación. Solo piensan en el ahora: «Estoy jugando y pasándomelo bien y no quiero dejar de hacerlo». Y esto es lo que sucede:

- El niño se opone y utiliza sus inmaduras fórmulas de chillar y patalear.
- Cuando los padres ven que no funciona y se arman de más paciencia, entendiendo lo que el niño quiere, jugar, pactan o flexibilizan su posición, para que el pequeño no lo pase mal, ya que interpretan los chillidos como si su hijo estuviera sufriendo. Muchos piensan: «Pobrecito», y cambian la orden.
- El pacto, la flexibilidad o incluso el cambio de opinión de los padres se convierte en un refuerzo positivo para el hijo. Sin querer, con la mejor de las intenciones le han enseñado que si chilla y patalea puede conseguir lo que quiere.

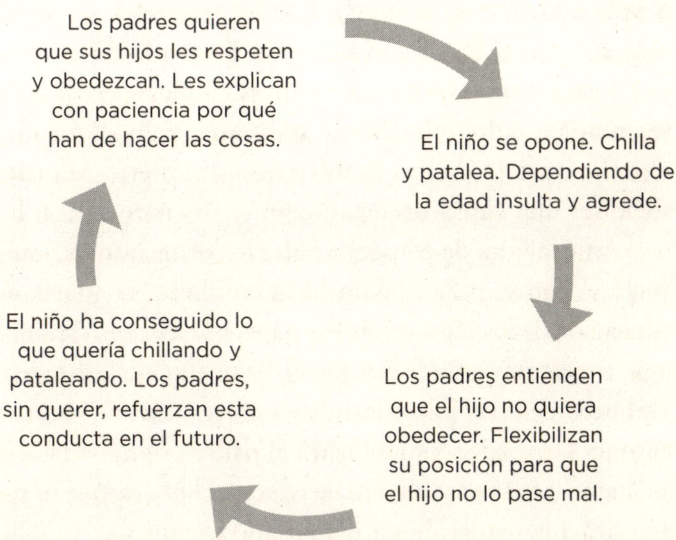

Si esta dinámica no cambia, el niño aprenderá a conseguir lo que desea a través de los chillidos y la agresividad. A medida que pasan los años la conducta se agudiza más: no solo no respetan a los padres, sino que la agresividad aumenta, se convierte en insultos y hasta en agresiones físicas. Si esto no se corrige antes de la adolescencia, revertir la situación es mucho más difícil y complejo... aunque no imposible.

En la adolescencia, si los roles entre padres e hijos no están claros, las consecuencias son tan graves para el vínculo filioparental, que puede llegar a romperse. Si el adolescente no encuentra un rol de autoridad en casa (que no es lo mismo que una actitud autoritaria), lo buscará fuera y, con un poco de mala suerte, seguirá a un líder negativo.

Cuando, además, como en el ejemplo que nos ocupa, los padres reaccionan de manera diferente ante la falta de respeto, discutirán entre ellos. Si no hay acuerdo, las posiciones se suelen radicalizar. El más permisivo, al ver fracasar la solución de su pareja al intentar imponerse al hijo, flexibilizará su actitud; el más autoritario, ante esta actitud permisiva, se enfadará más aún con el hijo y con su pareja. El resultado es nefasto. El hijo sigue sin respetar a los padres y sin obedecerles. Estos se enfadan, culpabilizándose mutuamente por que el hijo reaccione así. De hecho, la diferencia de criterios educativos suele ser una causa de separación en las parejas con hijos.

Ante la falta de consenso entre los progenitores, muchas veces el padre, para que no haya conflicto, se aparta de la educación de los hijos y deja ese papel a la madre. Al principio esta lo ejerce encantada porque no ha de discutir con la pareja. Habitualmente el hijo continuará sin respetar ni obedecer, y entonces la madre culpabilizará al padre por haberla dejado sola ante la responsabilidad de educar. El padre, por su parte, acusará a la madre de ser demasiado permisiva.

El objetivo de conseguir que los hijos respeten y obedezcan se ha transformado en que no se enfaden, no chillen, no se frustren y que haya paz familiar. El resultado, como hemos visto, se aleja totalmente del objetivo inicial, ya que incluso se puede llegar a la máxima falta de respeto, la agresión física y verbal.

CÓMO SE RESUELVE

Llegados a este punto, los padres han de cambiar de actitud ante sus hijos. Los roles deben ser otros, si no la situación empeorará. Para empezar, hemos de marcar un objetivo saludable y realista: que los hijos obedezcan, pero precedido de un principio básico: que respeten a los padres. ¿Cómo ganarse el respeto de los hijos? Como ya se ha dicho, este no va implícito en el hecho de ser papás.

Lo más importante es la actitud. Mucho más que los hechos, los «sermones» o los castigos. En este sentido pienso que las anteriores generaciones lo tenían más fácil. El concepto de respeto estaba consensuado y era considerado un pilar social, que se aceptaba y se asumía. Un niño que cometía una travesura por la calle podía ser reprendido por una persona adulta y el pequeño le hacía caso. La «tribu», a su modo, educaba. Hoy en día esta situación es casi impensable. No es inusual que un padre se queje en la escuela porque el tutor ha reñido a su hijo. Así le arrebatan al maestro la mejor herramienta que tiene: el respeto.

Los niños necesitan crecer con personas adultas que ejerzan el papel de guía y les orienten. Ese es uno de los roles principales de los padres (también de los maestros y otras figuras importantes como los abuelos). Si se trata a los hijos como si fueran adultos que pueden tomar decisiones igual que los padres, se quedan sin guía. Los padres hacen de colegas y en cierto modo, desde mi punto de vista, los niños quedan huérfanos.

En su práctica profesional, el juez de menores Emilio Calatayud también observa las consecuencias negativas de una actitud de este tipo. No podemos estar más de acuerdo con él cuando afirma: «El principio de autoridad no tiene nada que ver con una dictadura, es un principio fundamental de un Estado democrático», «Una familia no puede ser un régimen asambleario en el que se pregunte: "¿Qué queréis cenar, hijos, patatas fritas o acelgas?"» o «¿Cómo va a ser la familia una democracia? Se puede pactar, pero llega un momento en el que hay que decir "los padres somos nosotros"».

¿Dónde está la línea roja? ¿Cómo sabemos si algo que dice o hace el hijo es una falta de respeto? Para mí está claro: el sentido común. A las parejas que vienen a mi consulta les digo que no permitan a sus hijos hacer aquello que ellos mismos nunca les hubieran hecho a sus padres.

Habitualmente me encuentro papás que justifican ciertas expresiones, comportamientos o gestos de sus hijos diciendo que hoy en día todos hablan así y ven normal que les digan cosas como: «Jo, tío/a», «No me ralles», «Qué pesado/a», «Déjame en paz», «Lo haré si me da la gana», «Hazlo tú, yo paso», etc. Son ejemplos claros de una comunicación no saludable en la familia. Entendiendo que los niños a medida que crecen utilizan una jerga propia con sus amigos, pero si se dirigen como «tío» o «tía» a los padres están tratando a sus progenitores como a un igual, como si fueran un colega o un hermano. Vamos mal.

En la estructura familiar los progenitores no ocupan el mismo lugar que los hijos. La familia es un sistema jerárquico en el que los padres están en la parte superior, no desempeñan el mismo papel, ellos son la autoridad a la que los hijos, que están un escalón por debajo, han de respetar.

El concepto es justo ese: un escalón, un punto por debajo, no treinta, como sería en un modelo autoritario. Esa pequeña diferencia jerárquica es la necesaria para establecer un equilibrio saludable. Imprescindible para que haya respeto. Pero no suficiente, ya que por el hecho de ser padres no se adquiere el rol. Para ello han de hacerse respetar. Han de ser respetables.

Autoridad bien entendida

Autoridad no es autoritarismo. Es el principio básico de la jerarquía familiar. No todos ocupamos el mismo lugar. No todos ejercemos el mismo rol. En el complejo papel de padres, hay varios aspectos fundamentales, entre ellos: cuidar y educar a los hijos, y establecer un vínculo saludable a través del amor y también del respeto. Hay progenitores que creen que ambas cosas son incompatibles. Pero no es así. De hecho, si creen eso es porque entienden el respeto desde el miedo, es decir, desde el autoritarismo, y en eso estaría de acuerdo con ellos: es difícil, y nada aconsejable, temer y querer al mismo tiempo. Pero el rol saludable al que aludo consiste en que los padres se ganen ese respeto a través de la admiración y la coherencia.

Actitud

Un rol requiere una actitud. La complejidad de ser padre o madre supone, a veces, ejercer como enfermero, psicólogo, maestro, abogado, juez, cocinero, médico, cantante, futbolista, mediador, mecánico, etc. Además, habrá momentos en los que predominará una actitud: amorosa, empática, cercana, comprensiva o divertida y podremos jugar con ellos como si fuéramos verdaderos niños. Pero habrá otras situaciones que requerirán de una actitud de autoridad. Es entonces cuando hemos de conseguir ese respeto. ¿Cuál es esa actitud? Es una mirada, es un gesto, es decirlo todo con pocas palabras. Para ello hay que ser muy eficientes y conseguir el máximo con lo mínimo. Menos es más. Recalco este concepto, ya que, como hemos visto, los padres creen que si los hijos entienden por qué han de hacer las cosas las harán de buen grado. Esto no siempre es así, y cuando no funciona los padres repiten una y otra vez los argumentos. Así, los hijos no solo no obedecen, sino que se alejan de respetar a los padres. La explicación no siempre es eficaz y mucho menos eficiente. Una actitud respetable sí. Esa es la manera de ganarse el respeto. Algunas fórmulas eficaces son:

«Háblame bien que soy tu madre/padre»

Esta frase se ha de decir en esas situaciones en las que el hijo traspasa la línea roja, aunque sea levemente, con un «jo, tío», «pesado», o cuando deja con la palabra en la boca a uno de los padres.

De hecho, esta actitud hay que tenerla desde que son pequeños, cuanto antes mejor. Si ya son mayores y hay que reconducir la situación, la frase ha de ir acompañada de la actitud correspondiente, es decir, acercarse al hijo a un metro de distancia (menos sería invadir su espacio personal, y más no sería eficaz) mirarle a los ojos y decirle con voz firme y seria la frase. Dar media vuelta e irse.

Aquí no debe empezar ni un monólogo en forma de sermón ni una conversación en la que el hijo argumenta que él no ha dicho/hecho nada grave, porque entonces nos descalificaríamos. Es normal que el niño crea que no ha hecho nada grave. Seguramente para él es así. Pero corresponde a los padres decidir cuál es la línea roja. En este sentido hay que recordar que cuando un hijo insulta o agrede a sus progenitores, antes ha habido otras expresiones «leves» como «no me ralles», «tonto» o «déjame en paz» en las que el niño ha probado si ahí estaba el límite. Si nadie ha dicho lo contrario, el mensaje le queda claro: no pasa nada, lo puedes decir.

La mirada

Cuando la frase anterior se ha dicho todas las veces que ha hecho falta, y serán seguramente más de las que nos gustaría, el niño empieza a captar y aceptar esa línea roja. En este sentido, aludiendo al «menos es más» es óptimo llegar a asociar una mirada firme a esa actitud y que, incluso, la mirada sustituya a la frase.

Evitar la escalada comunicativa

Es decir, hay momentos en los que los padres pueden decir algo en un tono alto y el hijo contestar alzando todavía más la voz. Ahí comienza la escalada comunicativa, en la que se puede llegar rápidamente a una discusión. Ambos se enzarzan en argumentaciones y contraargumentaciones que no conducen a buen puerto. Todo lo contrario: los padres se alejan de ser respetables. Es una autoridad mal entendida. Gritar no es eficaz. Es contraproducente. Hay que bajar el tono de voz para dirigir con una orden clara y concisa tipo: «Ve a tu habitación, te calmas y en media hora hablamos». Si la discusión ha llegado a los insultos por parte del hijo, será necesario que después, cuando se haya tranquilizado, se disculpe y repare la falta de respeto.

Equipo de padres

Es habitual, como en el caso expuesto en este capítulo, que haya diferentes actitudes por parte de los padres y uno tienda a ser más permisivo y el otro más autoritario. Esto suele ser una bomba de relojería para la pareja, que hasta antes del nacimiento de los hijos podía estar en sintonía, pero que después se ha convertido en uno de los principales motivos de discusión e incluso de separación. La pareja puede tener formas diferentes de entender la educación e incluso el vínculo con los hijos, pero eso no debería ser un problema si se consensúan los aspectos fundamentales como el respeto o los límites.

Los hijos deben ver a los padres como un equipo que se pone de acuerdo y actúa coordinadamente. Ambos deberían ser firmes a la hora de ganarse el respeto de sus hijos. Si uno de los dos, por pena, no les dice nunca a sus hijos una frase como la que os propongo («Háblame bien que soy tu padre»), el hijo captará que la línea roja no está clara y, por tanto, ya no funcionará.

Los padres pueden opinar cosas diferentes, solo faltaría, pero si un hijo pregunta algo e intuimos que nuestra pareja diría otra cosa, lo mejor es decirle: «Cuando hable con tu padre/madre te lo decimos». De esta manera al niño le queda clarísimo que los padres se comunican para ponerse de acuerdo y no hace falta perder el tiempo intentando convencer a uno, porque hablarán entre ellos.

Coherencia

Los niños detectan las incongruencias rápidamente. Sobre todo, con la utilización de la palabra «no». Es imprescindible ser coherentes y si a un hijo le decimos algo deberíamos cumplirlo. Si no es así, el resultado es que nuestra palabra comienza a perder credibilidad. Será fácil que aprenda que si insiste nos puede convencer de que un «no» se convierta en un «sí». No es no. En el contexto familiar, la excepción sería si nos hemos equivocado. Por ejemplo:

—¿Puedo ver los dibujos?

—No, aún no has hecho los deberes.

—Sí, ya los he terminado.

—Disculpa, pensaba que tenías más y que no te habría dado tiempo.

Por supuesto, en una situación similar hemos de cambiar la negación y decir sí. La disculpa, además, es necesaria, porque el niño adquiere valores importantes como el de que si nos equivocamos (y los papás no estamos exentos de ello) no solo hay que rectificar, sino que hay que saber disculparse. La utilización de la palabra «no» es básica en la educación, y por esta misma razón deberíamos restringirla muchísimo. Desde aquí invito a prestar atención a la cantidad de veces que la empleamos en general, y concretamente para iniciar una frase. Con respecto a los hijos es habitual utilizarla para dar una orden. Como veremos detenidamente en el apartado «Marcar límites», se trata de una forma de mandar muy poco eficaz.

Marcar límites dando alternativas razonables

Como hemos visto, preguntárselo todo a los hijos no es saludable ni para la relación, que implica que padres e hijos son iguales también en todo, ni para el hijo, que no está preparado para decidir según qué cosas. Los padres han de aprender a preguntar de manera que el hijo vea que se tiene en cuenta su opinión en algunos temas, porque en otros obviamente no será así, por ejemplo los que tienen que ver con la economía o la organización familiar. Una fórmula que funciona muy bien es dar a escoger entre dos opciones razonables. «¿Quieres un bocadillo de queso o de jamón para merendar?», «¿Te quieres poner la camiseta roja o la blanca?», «¿Quieres ducharte ahora o en diez minutos?», etc. Es decir, se trata de que aprendan a escoger en un marco de posibilidades factible. Los padres son quienes pueden decidir cuáles son las alternativas aceptables, no los hijos en un abanico amplio de opciones sin criterio.

De ese modo los hijos sienten que están escogiendo, que se tiene en cuenta su opinión y aceptan mejor las opciones. Además, con ello se evitarán muchas situaciones previsibles de conflicto cotidiano como el momento de ir a la ducha: siempre responderán «Dentro de diez minutos», pero al cabo de esos diez minutos lo aceptarán de mejor grado.

El conjunto de estas pautas es muy eficaz para conseguir ese respeto imprescindible por parte de los hijos, que será la base de un vínculo saludable que facilitará la obediencia. Asimismo, no olvidemos que el hecho de que los padres se pongan de acuerdo entre sí, consensúen y formen un equipo ante los hijos ofrecerá un modelo de familia coherente y estable. Todo ello, por supuesto, en un entorno cercano y amoroso.

2

La relación entre los hermanos

«No os peleéis»

«Los hermanos son personas con las que aprendemos, quienes nos enseñan acerca de la justicia, la cooperación, la amabilidad y el cuidado. Muchas veces de la manera más dura».

PAMELA DUGDALE

Ricard y Miguel son dos hermanos de 9 y 6 años que, según los padres, siempre se han llevado muy mal. Una de sus motivaciones para tener un segundo hijo fue, precisamente, que Ricard tuviese un hermano con el que pudiese jugar, además de un apoyo incondicional para toda la vida. La causa de las peleas y gritos entre los hermanos parecen ser los celos. Los padres, muy preocupados, relatan escenas habituales en las que de repente se oye un chillido de Miguel: «¡Mamá!», «¡Papá!» y cómo a continuación empieza a llorar.

Dicen que por muy rápido que acudan la pelea ya se ha desatado, y lo que encuentran normalmente es a Ricard justificándose, por ejemplo, porque Miguel le ha quitado un juguete con el que él estaba en ese momento y que se lo ha arrebatado porque es suyo. El pequeño, a su vez, sigue llorando y diciendo que su hermano le ha pegado. Ricard lo niega y se enfada. Grita e insulta a Miguel: «Eres un niñato y no quiero jugar contigo». Los padres le riñen por hablarle así al hermano, le castigan sin ver la televisión y mandan a cada uno a su habitación. Ricard se indigna y se va a la suya jurando que nunca más jugará con Miguel. El pequeño deja de llorar mientras coge el juguete de la discordia y le dice: «Me da igual», y se encierra en su habitación. Mientras, Ricard sigue alegando que siempre le riñen injustamente por su culpa.

El caso es que, al día siguiente, o incluso al cabo de unas horas, se repite una situación similar por cualquier motivo. Por ejemplo, si los padres le dicen a Ricard que ponga la mesa, este se queja de que Miguel nunca lo hace, que lo tienen consentido y que él con su edad ya la ponía. Ante esto, si los padres no dicen nada, el hermano mayor sigue argumentando que el pequeño es el preferido. Resultado: bronca. Si los padres le dicen a Miguel que ayude, este se niega chillando: «¡Sí hombre, porque lo diga Ricard!». Resultado: bronca.

Los padres dicen que estas escenas son cotidianas desde hace años. Creen que los dos tienen celos y que ninguno dice la verdad, pero que es cierto, que, en alguna ocasión, han visto como Ricard empuja al pequeño y que les da miedo que cualquier día le haga daño de verdad. Dicen que han hecho de todo: castigarles sin televisión, quitarles los juguetes, separarles, explicarles que deben llevarse bien, obligarles a jugar juntos, reñir solo al mayor o solo al pequeño, en fin, que no saben qué hacer para que se lleven bien.

Se sienten muy frustrados, porque lo que más deseaban es que tuvieran una relación fraternal excelente y que jugasen juntos. Acuden a la consulta con el objetivo de que no haya peleas, ya ni se plantean que se lleven bien, les parece misión imposible. Pero dicen que el nivel de tensión y agresividad constante contamina el ambiente familiar y que, en este punto, solo se conforman con la ausencia de discusiones, gritos y empujones.

OBJETIVO

- Conseguir que los hermanos tengan una relación fraternal saludable.

Como hemos visto, los padres aspiran a que no haya peleas continuas en casa, pero sabemos que ese no sería un objetivo razonable para la estructura familiar. La ausencia de discusiones no implica que la relación, el vínculo o la convivencia sean saludables. Sin discusiones se podría conseguir menos tensión cotidiana, cordialidad, silencios, pero también falta de relación. Lo que los padres quieren para sus hijos realmente va más allá.

Definamos qué es una relación fraternal saludable. En estas situaciones suelo preguntar a los padres si tienen hermanos. En la mayoría de casos la respuesta es que sí. Sigo indagando respecto al vínculo que tuvieron cuando eran niños y el que tienen en la actualidad. Por lo general afirman que en la infancia tuvieron una relación regular, con sus peleas y tensiones, pero que después fue mejorando, hasta la actualidad. En algunos casos, tienen poca relación, pero es cordial y correcta. La estadística de las respuestas es contundente en cuanto al vínculo actual: más del 65 % de los casos consideran a sus hermanos sus mejores amigos, a pesar de que la infancia estuviera llena de peleas.

Desde mi propia experiencia personal tener hermanos es un regalo. Yo tengo tres, de diferentes edades y sexos. Con cada uno me peleé en mi infancia, y cada uno es un tesoro en mi vida. No es casualidad que sea Irene con quien más discusiones tuve y seamos hoy amigas incondicionales.

Podemos definir una relación fraternal saludable como aquella en la que los hermanos crecen juntos, y a pesar de que puedan sentir celos, competencia y otras emociones difíciles de gestionar, se apoyan incondicionalmente en los momentos que hace falta.

Una relación saludable entre hermanos se asemeja a la de los amigos porque es un vínculo entre iguales, en el que se comparten afinidades (cuantas más mejor), se establecen lazos de confianza y de complicidad, emocionalmente se puede conectar muchísimo, tanto para reír como para llorar juntos, apetece compartir y hacer cosas en común.

El lugar que ocupan los hermanos condiciona la relación: no es lo mismo ser el mayor que el pequeño. Con todo, el amor es el mismo, solo hay que facilitar que fluya, y los padres no siempre lo hacemos.

Por otro lado, las personalidades de los hermanos pueden ser muy diferentes. A pesar de compartir genética y ambiente familiar, el perfil del carácter puede ser totalmente distinto, por lo que congeniar es más difícil, pero no imposible. Las diferentes edades, número de hermanos y su sexo son condicionantes que también tendrán un peso específico en la relación fraternal. En estos casos, tal vez el objetivo razonable sea que los hermanos convivan con respeto, que sean amables, que se apoyen y sepan mostrar el afecto que hay entre ellos. No siempre es posible que sean mejores amigos, especialmente si uno está en la adolescencia y el otro todavía en la infancia. Pero eso no significa que no haya más opciones que el blanco o el negro, es decir, que ni se hablen o sean amigos inseparables. Hay un amplio abanico de posibilidades.

Como vemos en el caso descrito, los padres, desesperados, se proponen que sus hijos no se peleen. Pero en realidad el objetivo saludable es mucho más ambicioso ya que afecta directamente a la estructura familiar: una relación fraternal sana, es decir, que sepan resolver sus diferencias.

Conseguir que los hijos no se peleen estableciendo unos límites claros no es tan complicado. Pero sería un cambio superficial. Podría pasar que uno de los dos, cansado de recibir broncas y ser castigado por lo que él considera injusto, decidiera no relacionarse más con su hermano, ni para bien ni para mal, no hablar apenas, no jugar juntos, etc. Es decir, se podría conseguir una aparente «paz familiar» y efectivamente evitar más discusiones, pero se sacrificaría la relación entre los hermanos, que en la práctica no existiría. Esto no es lo que quieren los padres. Pero como no saben cómo conseguir que sus hijos resuelvan sus diferencias, cambian el objetivo principal por este otro: que no se peleen. Como en tantas ocasiones, no saber cómo lograr algo no significa que no se pueda conseguir.

CÓMO SE CREA EL PROBLEMA

A muchos de los padres que vienen a mi consulta les sucede algo parecido. Las peleas entre los hijos les resultan insoportables. En general, el nacimiento del segundo hijo se vive con la expectativa de que sea un inseparable compañero del mayor, y que ambos establezcan una relación de buenos amigos. La realidad suele distar mucho de esta idea. Los celos, las diferentes edades y necesidades son un caldo de cultivo excelente para una convivencia difícil, en la que todavía no hay estrategias de negociación y se impone la ley del más fuerte.

Son muchos los motivos por los que dos hermanos pueden pelear: un juguete, una prenda de ropa, sentarse en un lugar concreto, por ver algo en la televisión, porque uno ha hecho trampas jugando o le ha gritado al otro, etc.

Realmente la causa no es lo más importante, sino la estructura del problema.

Cuando el hermano menor tiene alrededor de 2 o 3 años, la interacción entre ambos aumenta. A partir de ahí, las posibles discusiones y peleas pueden ser habituales. No tienen recursos de resolución de conflictos y, además, cuanto más pequeños son los niños mayores son sus limitaciones comunicativas. Por lo tanto, es fácil que cualquier desavenencia se convierta en una reacción desproporcionada, automática, básica y ancestral en forma de grito de auxilio (en general por parte del pequeño) o una imposición de la fuerza por parte del mayor.

¿En qué familia no se ha escuchado alguna vez aquello de «mamáaa», «papáaa»? Ante la llamada de auxilio de un hijo, el instinto paternal/maternal más dormido despierta y acude raudo a salvar al «cachorro» en apuros.

La escena que se encuentran los progenitores es de las más indeseables para ellos: llantos, chillidos e incluso algún gesto de agresividad entre sus retoños. Los padres suelen actuar de inmediato. Objetivo urgente: que haya paz ahora. Este impide el realmente importante: que tengan una buena relación a largo plazo.

Para que cese el conflicto intentan averiguar qué ha pasado y determinar el culpable. Es decir, hacen de policías (interrogan) y de jueces (sentencian).

Los padres casi nunca presencian la escena desde el inicio. Si uno de los niños está llorando y acusa al hermano de haberle pegado, creerán esa versión, aunque el acusado lo niegue tajantemente. El resultado más probable es que surja otra discusión, en la que los miembros de la familia implicados repitan su comportamiento y entren en un círculo como este:

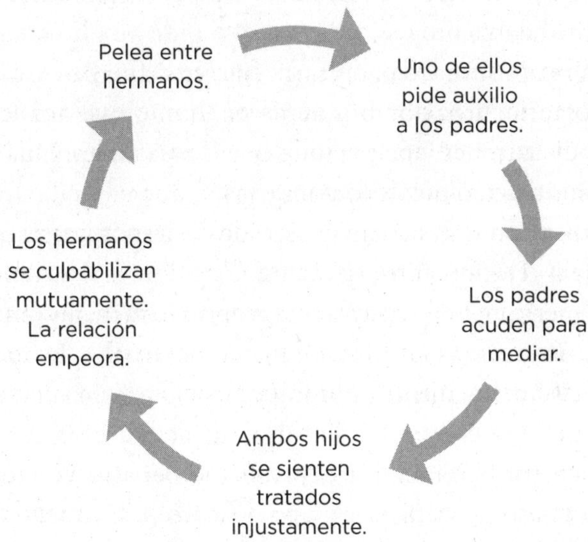

Las consecuencias de esta dinámica circular son varias:

- Si la reacción de padres e hijos no cambia, el círculo vuelve a empezar.
- El conflicto original no se ha resuelto, los pequeños no tienen más herramientas para solucionarlo en el futuro y la tensión se acumula.
- Con el tiempo empeora la relación entre los hermanos, crece la tensión, lejos de ser cada vez más amigos se comportan como enemigos que han de luchar por el beneplácito de los padres.
- Un hijo (a veces ambos) siente que los padres no le entienden y que son injustos.
- Un hijo (a veces ambos) puede sentir que los padres siempre apoyan a su hermano porque es el preferido. Aumentan así los celos.

- Un hijo (a veces ambos) puede adoptar sistemáticamente el rol de víctima si cada vez que pide auxilio consigue su propósito; los padres, sin querer, refuerzan ese comportamiento, por lo que es probable que acabe por convertirse en una persona quejica y que aprenda que, dando pena, puede lograr cosas.
- Los padres se sienten frustrados e impotentes ante la mala relación entre sus hijos.
- A menudo, los padres tienen criterios diferentes respecto a cómo actuar ante los conflictos fraternales. Eso puede suponer otra fuente de problemas en la relación de pareja. Cada uno creerá que su forma de actuar es la correcta y, en consecuencia, si el problema persiste será, desde su punto de vista, por culpa del otro progenitor.

CÓMO SE RESUELVE

El primer paso es que ambos padres estén de acuerdo en el objetivo prioritario de lograr una relación fraternal saludable entre sus hijos. Para ello deben dejar de focalizar la atención exclusivamente en el conflicto y centrarse en conseguir que haya un buen vínculo, no por la imposición de «prohibido pelearse», sino mediante habilidades comunicativas y relacionales que les permitan gestionar sus diferencias.

Una vez que los padres forman un verdadero equipo para lograr este objetivo, han de entender cómo funciona el problema, es decir, el círculo anterior. También deben reconocer que, a pesar de la buena intención, su manera de afrontar el conflicto lo empeoraba.

Dejar de hacer aquello que no funciona

- Acudir a la llamada de socorro.
- Intervenir para poner paz.
- Reñir.
- Castigar (a uno o a los dos).
- Intentar convencerlos de que han de llevarse bien, compartir, ayudarse, etc.

Pero si los padres no deben seguir haciendo esto, ¿qué pueden hacer? Primero cambiar la percepción respecto a los conflictos de los hijos. Para los padres ver pelearse a sus hijos resulta una escena insoportable e indeseable. Pero los conflictos son necesarios para que los hijos resuelvan sus diferencias y mejoren su relación. Así pues, la reacción de los padres ha de producirse desde la calma, la paciencia y la confianza.

¿Cómo? Llegados a este punto, suelo recordar a los padres la suerte que tienen sus hijos de tener un hermano, pues representa la posibilidad de socializar en el seno familiar de forma mucho más exhaustiva e intensiva; permite aprender valores importantes como compartir, ayudar o cooperar; es una gran oportunidad de practicar la empatía, la solidaridad, la complicidad o la confianza. Tener un hermano facilita el aprendizaje de la difícil gestión de los celos, e implica tener que negociar, pactar, defenderse, atacar, argumentar, así como adquirir herramientas comunicativas y sociales que les ayudarán durante toda la vida. Esta posibilidad se puede truncar si no tienen un contexto familiar que les permita conocerse, interactuar libremente, jugar, aprender a discutir y dialogar para finalmente resolver sus conflictos.

Confiar en los hijos

Confiar es realmente difícil. Los padres quieren resoluciones inmediatas y que el conflicto no se repita. En general, todos necesitamos un tiempo para cambiar. Las estrategias posteriores (observar sin intervenir y dejar la pelota en su tejado) ayudan a los padres a tener más confianza en los hijos, reforzando en positivo las mejoras que vean paulatinamente.

Con ello los padres dan un mensaje de confianza absoluta a los hijos. Les dejan experimentar y conocer a su hermano, ver si tienen paciencia, saber cómo pueden negociar, pactar, etc. Cada conflicto resuelto, aunque haya sido tras una «batallita» o una discusión acalorada, será un paso adelante en su relación saludable. También formará parte del crecimiento personal, pues tendrán más herramientas sociales para aplicar en otros contextos de su vida.

Este proceso de resolución de conflictos necesita un tiempo. Por lo tanto, tengamos paciencia, confiemos en los hijos. Ellos pueden, solo tenemos que proporcionarles el contexto para que superen sus dificultades.

La actitud y mensaje de los padres ha de ser la confianza en que los hijos resolverán sus diferencias. Si alguna discusión se alarga en el tiempo se puede intervenir con un primer mensaje de decepción: «¿Aún estáis así? ¡Vaya!». Recordemos que no decepcionar a un padre/madre suele ser un motor de cambio. Se puede lanzar también un mensaje de confianza: «Venga, ánimo, seguro que conseguís llegar a un acuerdo». En ese instante ambos hijos intentarán argumentar para que el progenitor se alíe con él. Evitemos esa tentación. De modo que solo cabe una frase del tipo: «Lo estáis haciendo bien. Estáis aprendiendo a discutir, argumentar, deliberar, razonar... seguid así. ¡Lograréis entenderos!».

Observar sin intervenir

Esto significa que hemos de observar qué ocurre, qué se dicen, qué se hacen, pero desde la distancia, sin que los hijos se sientan observados. Saber qué sucede sin hacer de juez ni de policía; cómo los pequeños, sin la intervención de los mayores, pueden resolver sus conflictos. Es una cuestión de tiempo, pero lo acaban consiguiendo.

La observación se ha de hacer sin que los niños lo sepan. Puede ser intermitente, es decir, ir a donde están con cualquier excusa, pero tan solo un segundo y desaparecer de la escena, animándoles a resolver su discusión. Es imprescindible dejar de repetir constantemente: «No os peleéis», «No discutáis», «No chilléis».

Obviamente, la observación a distancia será suspendida ante una agresión física o algún peligro real para la seguridad de los niños. Esto sería algo excepcional. Lo habitual es que la discusión se acompañe de gritos, algún empujón y poco más. Precisamente el miedo a que se hagan daño es por lo que muchos padres no toleran esas discusiones entre hermanos. Repito, hay que confiar; observar discretamente sin intervenir.

Dejar la pelota en su tejado

Los padres que habían estado interviniendo para «poner paz» y «hacer justicia» deben dar un nuevo mensaje a los hijos: «Estoy seguro/a de que podréis resolver vuestras diferencias». Como estas frases son inesperadas los hijos insistirán, agudizarán los gritos y acusarán de agresión al otro. La respuesta de los padres ha de seguir en la misma línea, transmitir confianza en que podrán solucionarlo. Sugiero incluso algo de humor, algo así como: «¿Hay algún brazo roto?», «¿Hay que ir al hospital a poner algún punto de sutura? ¿No? Pues nada, seguid negociando que conseguiréis llegar a algún acuerdo».

Si los chillidos no cesan se les puede sugerir, desde la calma, que cierren la puerta. Pero sin el «no chilléis» que no funciona. Han de comprobar una y otra vez que pueden discutir, de hecho, hay que animarles a que lo hagan porque será la forma eficaz para resolver la disputa que sea.

Refuerzo positivo

El refuerzo positivo después de cada situación crítica es fundamental. Los padres deberán felicitar a los hijos cada vez que logren resolver el conflicto por sí solos, aunque haya habido gritos y peticiones de auxilio.

Se puede felicitar por diversos motivos: porque en esta ocasión han necesitado menos tiempo que la última vez, porque ha habido menos gritos, porque ahora ambos están jugando juntos, porque no ha habido petición de socorro, etc.

Da igual la causa de discusión o el contenido, lo interesante es que lo han resuelto. ¿Ambos están bien ahora? Pues habrá que felicitarles efusivamente. Están más cerca de ser buenos amigos.

3

Poner límites y obedecer

«¿Cuántas veces te lo tengo que decir?»

«La libertad se aprende obedeciendo primero, porque esta obediencia permite construir las herramientas psicológicas de la libertad».

JOSÉ ANTONIO MARINA

Ainara y Yaiza, de 11 y 8 años respectivamente, son dos hermanas muy diferentes entre sí. Yaiza es buena estudiante, tranquila, introvertida, le cuesta hacer amigas y encontrar diversiones más allá de las pantallas. Ainara es sociable y extrovertida, no estudia ni hace los deberes, aunque lo aprueba todo. Solo le interesa jugar con las amigas y, como es una líder natural, tiene un gran poder de convocatoria. Si fuera por ella siempre habría niñas jugando en casa. Son en muchos aspectos la noche y el día, pero coinciden perfectamente en algo: no obedecen a sus padres.

Los padres valoraron durante un año si realmente necesitaban ayuda profesional. Las niñas son buenas, sí. Cada una, con diferente personalidad, es encantadora. Pero lo cierto es que no obedecen, por lo que la crispación se está instaurando en la familia como algo cotidiano.

Cuando definimos el objetivo de las sesiones ambos dijeron: «Que nos obedezcan a la primera». Los padres han intentado desde que las niñas tenían 6 años que realicen alguna tarea: ordenar la habitación, doblar la ropa y ponerla en su sitio, recoger la mesa después de las comidas, poner el lavavajillas y vaciarlo cuando haya finalizado, ordenar luego la vajilla en los armarios, etc. Después de todos estos años, aún no han conseguido que lo hagan cuando se les dice.

La dinámica habitual es la siguiente: los padres, mientras hacen la cena, les piden con buen tono a ambas que vacíen el lavavajillas y ordenen las cosas. Las dos simulan no oír; los padres lo repiten y con suerte una de ellas responde «un momentito»; los padres al cabo de cinco minutos y con un tono más serio repiten el mensaje, ambas ponen una excusa y dicen que luego lo harán; los progenitores, enfadados, replican que «tiene que ser ahora», «tenéis que obedecer a la primera»; los padres dejan unos minutos de margen para ver si reaccionan, pero no es así. Llegados a este punto se oye el grito de: «¿Cuántas veces tengo que decir las cosas? ¿Queréis hacer el favor de venir a ayudar?». Las niñas, al cabo de unos segundos, hacen lo que les tocaba a regañadientes.

Los padres explican que, aunque las niñas acaben reaccionando cuando lo han dicho veinte veces, tanta insistencia les enoja muchísimo y sienten que les están tomando el pelo. El ambiente familiar queda contaminado por ese malhumor y esa tensión.

OBJETIVO

- Conseguir que los hijos tengan límites y obedezcan a los padres.

Estos padres, al igual que otros, con buen criterio afirman que el objetivo es «que obedezcan a la primera».

Obedecer es «cumplir la voluntad de quien manda». Por tanto, hacer lo ordenado en el momento que se indica. En general, a no ser que se especifique otra cosa, la orden se da para ser cumplida en ese momento, o sea, a la primera. Hacer lo que te mandan en otro momento ya no es obedecer, es hacerlo cuando has querido tú y no cuando lo pide la figura de autoridad. En realidad, no cabría especificar, porque obedecer es por definición hacerlo a la primera.

Obedecer, en el entorno familiar, no significa educar con métodos basados en el temor, la fuerza o el autoritarismo. Nada más lejos de nuestra propuesta, porque de esa manera se destruye la confianza y el vínculo saludable basado en el amor, y solo se consigue una falsa sumisión. Entendemos la obediencia desde el respeto mutuo y el amor, no desde la imposición dictatorial. Para ser respetados, hemos de ser coherentes con nuestros propios valores. Pero si los padres dicen las cosas veinte veces provocan una contradicción, pues con tal de que el hijo lo cumpla en cualquiera de esas veinte ocasiones, estará obedeciendo. No solo hemos de tener claro el objetivo, sino que además hemos de ser coherentes y no alejarnos de él. Para ello no basta con las buenas intenciones. Necesitamos técnicas eficaces. Esto implica «saber mandar», para que los hijos sepan obedecer. Para obedecer es imprescindible saber cuáles son las normas que hay que seguir y los límites que no hay que traspasar.

CÓMO SE CREA EL PROBLEMA

El problema comienza con una orden que el hijo no cumple. Los padres, apelando a su paciencia y con el objetivo de que haya buen ambiente familiar, se la repiten. Viendo que pasa el tiempo y todavía no reacciona, el tono de la orden sube acorde al enfado acumulado. El hijo sigue sin obedecer.

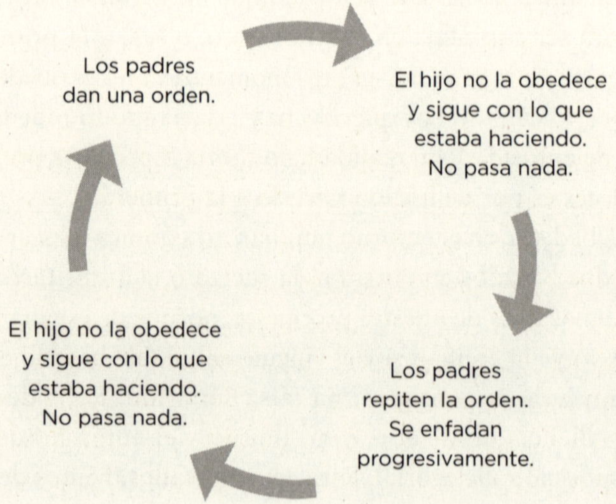

En función de la urgencia de la demanda o incluso de la intolerancia al conflicto, los padres optan muchas veces por hacer ellos mismos aquello que estaban esperando que hiciese el hijo. Lectura/aprendizaje del hijo: «Si tardo en reaccionar, a veces ya no tengo que hacer lo que me mandan». En este caso el objetivo de que el hijo obedezca se sustituye por el de que haya paz y que la tarea asignada esté hecha, aunque sea por los padres.

Otras veces la paciencia se acaba y los padres, enfadados, gritan al hijo para que obedezca. Este detecta que es la orden definitiva y ya no hay margen. Lectura/aprendizaje del hijo: «Si tardo en reaccionar puedo estar un rato más haciendo lo que yo quiera, siempre lo dicen más de una vez, cuando gritan es que sí que he de hacerlo».

Los padres logran que la tarea se haga, pero no por obediencia sino por presión, sumisión o miedo. No solo el hijo no ha obedecido a la primera, que como hemos visto ya no es obedecer, sino que los padres están enfadados y el hijo se siente maltratado. Sin quererlo, los padres refuerzan negativamente esa idea de que hay que hacer las cosas cuando se enfadan. Justo lo último que ellos quieren.

Los padres quieren que les obedezcan a la primera. Pero luego hay una segunda, una tercera y una enésima. Tienen paciencia para evitar el conflicto. Pero finalmente se enfadan y gritan, es decir, precisamente lo que no querían.

El modelo actual de crianza ha caído en una terrible trampa: los padres quieren ser amigos de sus hijos. *A priori* podríamos pensar que esto es bueno: por un lado, una relación padres-hijos donde exista confianza, un trato próximo, complicidad y «colegueo», y por el otro que los hijos obedezcan cuando haga falta. Pero ambos objetivos son incompatibles.

Antes de ver cómo lograr que los hijos obedezcan, debemos entender por qué no funciona este modelo de paternidad-amistad. Así pues, veamos primero qué es lo que no hay que hacer.

La relación de amistad es un vínculo entre iguales en el que se opina o aconseja, pero ninguno manda ni obedece al otro. El vínculo padres-hijos implica necesariamente una jerarquía en la que los padres están por encima de los hijos, por eso mandan y los hijos obedecen. Esto no significa que sea una relación autoritaria o dictatorial, en la que los hijos no puedan ni opinar o no exista una gran confianza y un diálogo fluido. En absoluto. Pretender que los padres sean amigos de los hijos equivale a dejarles huérfanos. Si los padres no hacen de padres, los hijos son huérfanos en la práctica.

Basándose en la idea de superar el modelo ordeno-mando de antaño, los padres han pasado al otro lado como el péndulo huyendo de todo conflicto y teniendo siempre en cuenta los deseos de los hijos, con el bienintencionado objetivo de que haya confianza, buen rollo, comprensión y diálogo. Lo cual está muy bien, pero la forma en la que se intenta lograrlo es a través de un modelo demasiado permisivo que no funciona.

La creencia es que si los niños entienden por qué hay que comer verdura o lavarse los dientes, lo harán convencidos y de buen grado. Pero nada más lejos de la realidad. Es imposible que un niño entienda realmente la importancia de la higiene bucal o las consecuencias de una caries. Se ha de lavar los dientes después de cada comida, aunque no lo entienda ni esté de acuerdo; de hecho, lo ha de hacer por obediencia, que no significa de mal rollo o un castigo.

Los hijos necesitan una guía, un camino, saber las normas del juego para poder participar en el juego (o de la vida). Si los padres les piden la opinión de todo a los hijos, estos crecen con la convicción de tener todos los derechos y ninguna obligación. Creen estar a la misma escala de responsabilidad y decisión que los padres. Lo cual, obviamente, no es saludable para ellos y además es técnicamente imposible. Esto lo vemos en infinidad de ejemplos en los que padres complacientes y muy colegas de sus hijos, ya desde pequeños, se lo consultan todo, hasta lo que quieren para merendar y aunque los niños tengan apenas 5 años. Es evidente que con esta edad un niño no tiene conocimientos de dietética ni de nutrición y, en consecuencia, su decisión estará basada en el principio básico del placer inmediato, en el que se ha centrado su existencia hasta la fecha. Así que lo más probable es que su elección se incline por algo parecido al chocolate, la bollería industrial, etc.

Entre los valores que hay que transmitir a los hijos está el del respeto. El respeto a las personas por el simple motivo de ser personas. En el seno de la familia es donde este valor se adquiere en su máxima dimensión. Los hijos deben respetar y obedecer a los padres, y esto es compatible con quererlos y tener un excelente vínculo y confianza mutua. Los padres han de aprender a hacerse respetar y al mismo tiempo tener un apego saludable con sus hijos. Pero no desde la amistad; no funciona así. El vínculo saludable se obtiene desde un principio de autoridad, que no es autoritarismo; desde la paternidad/maternidad bien entendida, con la cual los hijos saben que el amor de los padres es incondicional y sienten que les quieren mucho y que han de obedecerles porque son papá y mamá.

CÓMO SE RESUELVE

Veamos ahora algunas de las pautas que ayudan a establecer una estructura de relación paternofilial que nos aleja del rol de amigos y nos acerca al de padres que se hacen respetar. Todo ello, obviamente, siendo empáticos, comprensivos, cariñosos, atentos y cercanos. No estamos hablando, en absoluto, de un modelo autoritario, rígido o dictatorial. Nada más lejos del modelo propuesto aquí.

Tal y como hemos visto en el primer capítulo, así como en el apartado anterior, el hecho de que los padres se hagan respetar es imprescindible. La idea es alejarnos de los modelos que no funcionan (hiperprotector, amistoso y permisivo, dictatorial, etc.), porque en cada uno de ellos, por diferentes motivos, los hijos no tienen lo que necesitan, esto es, una proporción equilibrada de guía, autoridad, protección, respeto, empatía, límites, inteligencia emocional y autonomía.

Menos argumentar y más dirigir

Utilizo el verbo dirigir para que nadie se asuste. Parece ser que si decimos mandar u ordenar somos unos déspotas. Y claro, ahí comienzan las contradicciones: queremos que obedezcan, pero sin mandar ni ordenar. Gran paradoja.

En mi experiencia terapéutica veo cada día cómo los padres se dedican a argumentar a sus hijos los motivos por los que han de hacer alguna cosa, la que sea (poner la mesa, hacer su cama, hacer los deberes, dejar el móvil, comer pescado, lavarse los dientes, ir a dormir, etc.) con la ingenua creencia de que si lo entienden lo harán (e incluso que lo harán convencidos y contentos). Así, a diario en muchas familias se oyen frases como: «Hijo, la comida ya casi está preparada, mientras yo acabo de hacer la ensalada, podrías poner la mesa y así en cuanto yo termine comemos, que si no se hará tarde». Ese mensaje implica que es necesario argumentar por qué se han de hacer las cosas, se han de consensuar, se han de entender y así se realizarán con convicción. Pero la realidad no es así, el niño entiende que ha de estar de acuerdo pero si no lo está puede negarse o contraargumentar. Mucho más eficaz: «Hijo, ve poniendo la mesa, en cinco minutos comemos».

Dirigir y ordenar no es pedir un favor

Cuando los padres se sienten impotentes ante la desobediencia, se enfadan y acaban chillando al hijo: «¡Quieres hacer el favor de poner la mesa!». Actúan finalmente de la manera que no querían. Esa es la gran paradoja: si se pretende ser un padre amigo es muy fácil que la desobediencia se convierta en un problema y el padre en un déspota que ha de imponer su criterio de malas maneras. Expresiones como «quieres hacer el favor» o «por favor», cuando se está dando una orden, dejan mucho que desear. Es otra contradicción. Si pides un favor no esperes que te obedezcan, porque no es una orden, un favor se puede hacer o no. Y es que parece que ordenar, dirigir, mandar, etc. sea algo terrible que hay que evitar a toda costa. En realidad, es lo coherente. El tono es lo importante, dirigir y ordenar no implica chillar ni decir mal las cosas. Al contrario, se puede ser muy empático: «Hijo, ya sé que estás jugando a algo muy divertido y que no te gusta poner la mesa, pero en cinco minutos comemos, así que toca que pongas la mesa».

La actitud del respeto

Sin ese respeto el vínculo paternofilial sencillamente no es saludable. Es la norma universal de toda familia: respetar a los padres. El respeto no viene dado por el hecho de ser padres, sino que hay que ganárselo. En el entorno familiar y en cualquier otro contexto. Si no, pensemos en la cantidad de jefes a los que sabemos que no se les respeta, porque no se hacen respetar.

Conseguir el respeto de los hijos es una cuestión de actitud. Los padres han de entender primero su trascendencia y actuar en consecuencia. Para los que os cueste más, pensad que el objetivo es que bajo ningún concepto el hijo falte al respeto a los padres, ya sea de forma verbal con insultos, palabrotas, tonos fuera de lugar, etc., o mediante gestos o expresiones aparentemente «normales» como: «¡Mamá, no me ralles!». Esa es una expresión válida entre iguales, es decir, entre amigos, hermanos, etc., pero no se le puede permitir a un hijo.

Es importante delimitar la línea roja pero no es fácil, sobre todo actualmente, cuando se ha permitido mucho más de lo aconsejable y donde la tendencia es querer ser colega de los hijos. Yo siempre aconsejo: lo que no le hubieras dicho o hecho a tu padre/madre no se lo permitas a tu hijo. Creo que como referencia general es muy válida. Así pues, cada vez que haga falta, hay que dejar claro que han traspasado la línea roja y que no lo vamos a permitir. Entonces hay que mirar fijamente a los ojos del hijo y a una distancia de un metro aproximadamente (ni más cerca, para no invadir su espacio personal, ni más lejos, ya que sería poco eficaz) y decirle con expresión seria: «Así le hablas a tus amigos, a mí no, que soy tu madre/padre» o «Ese gesto se lo haces a tus colegas, a mí ni se te ocurra, que soy tu madre/padre». No hace falta chillar. Solo actitud firme y contundente.

Elaborar normas para colaborar en casa

Las normas permiten tener una estructura cotidiana estable en la que los miembros de la familia saben cuál es el lugar que ocupan, es decir, qué se espera de ellos, y nada mejor que «saber las reglas del juego». Por lo tanto, hay que establecer unas normas claras que se puedan cumplir y faciliten la progresiva responsabilidad, la cooperación, los límites, etc.

En algunas familias existen reglas porque se han verbalizado en más de una ocasión; en otras porque se suponen. Pero no hay nada peor que unas normas que no están claras, y esto pasa en cualquier ámbito. Si nos ponemos a jugar al parchís y no sabemos las reglas es muy probable que acabemos discutiendo: «Has sacado un 6: tienes que abrir la barrera», «No, ahora no me va bien».

Por tanto, animamos a todas las familias con niños de más de 3 años a que escriban las normas. En la infancia se necesita una guía para crecer saludablemente. Los hijos no tienen conocimientos ni experiencia vital para decidir según qué cosas. Necesitan un adulto como referente que les indique el camino. Somos los padres quienes hemos de marcar la ruta, el ritmo, los objetivos y así ellos crecen con la tranquilidad de estar en buenas manos. Las rutinas les dan seguridad desde que nacen. Cuando las cosas son previsibles todo es más fácil. Por eso en la niñez se necesitan pautas claras y estables.

Si un niño sabe que ha de poner la mesa y la norma se convierte en un hábito, ya no hace falta repetirlo veinte veces. Se acabaron los gritos y el mal humor. El niño colabora con las tareas y aprende un valor familiar de cooperación muy importante. Mientras no se convierta en un hábito los padres deberán aplicar las consecuencias tal y como se explica más adelante. Y dejar de repetir la orden. Como mucho se hace un recordatorio: «Son las dos; a las dos y cuarto tiene que estar la mesa puesta para comer». Si llega la hora y el niño no ha comenzado su tarea debemos ir a dónde está y sin mediar una palabra acompañarlo hasta el cajón de los cubiertos. Sin más órdenes, sin repetirse, sin tensión ni enfado. Tan solo coherencia. Se le indicará que como la mesa no estaba puesta cuando tocaba tendrá como consecuencia no ver durante ese día los dibujos animados en la televisión. Al día siguiente es más probable que ante la misma indicación reaccione y la mesa esté puesta puntualmente. Si es así, debemos felicitarle. No olvidemos el poder del refuerzo positivo.

Pero para que funcionen y no se conviertan en un decálogo de buenas intenciones, los padres han de tener en cuenta ciertos criterios sobre cómo han de ser las normas:

Consensuadas por ambos progenitores

La excepción serían las familias monoparentales. Si los padres están separados es óptimo que puedan consensuar las normas, pero en mi experiencia terapéutica esto es algo tristemente excepcional, pero comprensible si tenemos en cuenta la dificultad que conlleva aún no habiendo separación.

Muy claras y concretas

No es suficiente decir: «Haz la cama todos los días». Esto implicaría también hacerlo cinco minutos antes de ir a dormir, y lo que quieren los padres es que la hagan después de desayunar.

Formuladas en positivo

Una norma tipo: «No dejes la mochila tirada en la entrada de casa» es probable que no sea eficaz, ya que podría tirarla en el comedor y literalmente habría cumplido la norma; es mejor decir: «Deja siempre tu mochila en la silla de tu habitación». En este sentido, invito a observar y cambiar las «órdenes» que comienzan con el adverbio «no». De esta manera les decimos lo que no queremos que hagan, pero no tenemos garantías de que entiendan lo que estamos pensando, por muy lógico que sea para nosotros como adultos. «No dejes la toalla mojada encima del edredón», y ¡la deja encima de la almohada o en el suelo! Mejor: «Deja la toalla colgada en el tendedero».

Personalizadas

Si hay dos hijos o más en una familia, cada uno ha de tener sus propias normas. La única excepción es si son gemelos. Es decir, el hecho de tener distinta edad implica que el mayor tendrá más derechos y deberes que el pequeño. Esto se ha de especificar especialmente, con diferentes horarios para ir a dormir. No es coherente que el de 8 años vaya a dormir a la misma hora que el de 11. Por muy práctico que sea para los padres, cada hijo tiene necesidades diferentes y si no lo hacemos así estamos infantilizando a uno, y al otro le estamos quitando horas de sueño. Recordemos que cada niño tiene una necesidad de sueño diferente: en general, los más pequeños necesitan más horas. Ir a dormir más tarde es un privilegio de los más mayores.

Otro ejemplo de esta diferencia serán las obligaciones. El mayor tendrá más. Esto, que es tan lógico, no se cumple en muchas familias que tienden a igualar las tareas domésticas que han de hacer los hijos. «Poner y quitar la mesa». Esto no solo es injusto, sino que además crea problemas. «Yo he puesto más cosas», «Siempre lo acabo recogiendo yo». Es mucho mejor que uno la ponga y el otro la recoja, y que el mayor haga más tareas.

Globales

No solo se trata del listado de tareas que tienen que hacer, también deben especificar:

- La norma básica, aunque parezca obvia, hay que especificarla siempre: «Respetar a mamá y papá». Es la más importante, universal. Sin esta las demás no tienen sentido.
- Uso del móvil, tanto si tienen uno propio como si utilizan el de los padres (horarios, uso, etc.).
- Horarios de levantarse y de acostarse.
- Uso de pantallas (*tablet*, televisión, consolas, etc.).
- Horarios de tareas escolares y estudio.
- Tareas de la casa y responsabilidades (orden, limpieza, ropa, cuidado de las mascotas).
- Cualquier hábito que no esté consolidado (lavarse los dientes, ducharse, etc.).

Ejemplos de normas según las edades

Las normas de una familia son «personales e intransferibles», es decir, cada una puede tener las suyas propias que estarán de acuerdo con sus criterios y valores.

No obstante, viendo cada día en mi consulta las dificultades de algunos padres para elaborarlas, sugiero algunos ejemplos que se pueden tener en cuenta como ideas generales. Son unas normas orientativas. No pretenden ser una guía exacta de lo correcto e incorrecto. Eso sí, son absolutamente aconsejables ya que se basan en criterios educativos actuales y en el desarrollo evolutivo normal de un niño según su edad. Por motivos obvios no hay distinción de género. Tratamos por igual a niños y niñas.

A pesar de que este libro está orientado a la educación en el contexto de la educación primaria, propongo normas a partir de los 3 años, ya que desde mi punto de vista es la edad ideal para empezar a establecer buenos hábitos y en caso de que haya hermanos es importante que cada uno tenga normas adecuadas a su edad. Cuanto antes se comienzan a estructurar las normas, más fácil es que se consoliden y formen parte de la vida cotidiana del niño.

Recordemos que la idea es que a medida que crecen vayan interiorizando esas normas de manera que con el tiempo ya no hay que decirles que las cumplan, y aunque inicialmente pueda parecer imposible, llega un día en el que se lavan los dientes después de comer sin que nadie les haya dicho nada o se levantan de la mesa después de comer y comienzan a recoger los platos, y así seguiríamos con todos los ejemplos. No es ciencia ficción. Solo hay que saber cómo conseguirlo.

Muchos padres, al ver esta propuesta de normas, pensarán que a un niño tan pequeño no se le puede pedir que haga tantas cosas o algunas de ellas. Esta suposición proviene de la sobreprotección hacia los hijos, que en esencia los invalida por considerarlos incapaces, o porque no quieren que se frustren si no saben hacer la tarea. Estas normas orientativas se adecúan a la edad. Es más, a los niños hasta los 6 años aproximadamente les encanta ayudar a sus papás y es algo que hemos de potenciar, aunque ello suponga que para emparejar y doblar calcetines debamos invertir el doble del tiempo habitual. Debemos tomarlo como un espacio para educar al niño conversando con él y como una inversión de tiempo, ya que en el futuro será él quien se encargará de esta tarea de forma autónoma. Darles tareas es ayudarles a aprender nuevas cosas, a superar dificultades, a valorar la cooperación. Es ayudarles a crecer.

Como se verá en cada listado las normas varían según la edad. Una vez que se consoliden serán un hábito y no hará falta especificarlas. Es decir, en el momento que un niño se viste o come solo ya no hace falta escribirlo en las normas.

En consecuencia, las normas han de cambiarse anualmente para ser ampliadas. Un buen momento es septiembre, con el inicio del curso escolar, porque hay cambio de horarios, tal vez nuevas actividades extraescolares, etc., que merecen ser tenidas en cuenta.

Las normas que no se hayan consolidado seguirán vigentes el próximo año. Aunque lo deseable es que este periodo sea suficiente para convertirlas en un nuevo hábito. La única excepción es la primera norma a cualquier edad: respetar a papá y mamá. Es la única que se ha de repetir cada año. Es posible que haya situaciones en las que se tenga que recordar, ya que a veces, aunque en casa se hagan bien las cosas, los niños imitan los comportamientos de sus coetáneos y de repente un día pueden contestar con un «no me da la gana» o un «eres tonto». Será el momento en el que habrá que dejarles claro cuál es el límite intolerable que acaban de traspasar. En estos casos, la mínima intervención suele ser la más eficaz, y podemos decirle muy seriamente, mirándole a los ojos: «¿Cómo has dicho?». La respuesta habitual suele ser: «No, nada, nada» que aceptaremos con un: «¡Ah!, pensaba». Al hijo le quedará claro que no debe repetirlo. Nuevamente, se trata de conseguir el máximo con el mínimo.

Normas para niños de 3 años

- Respetar a papá y mamá.
- Recoger los juguetes y guardarlos en su lugar.
- Lavarse las manos antes de comer y al llegar de la calle.
- Llevar las servilletas, platos y cubiertos a la mesa.
- Comer autónomamente con el tenedor y la cuchara.
- Ayudar a recoger la mesa después de las comidas.
- Lavarse los dientes después de cada comida.
- Por la mañana: lavarse la cara y las manos, secarse con la toalla y peinarse. Vestirse con poca ayuda.
- Por la noche: quitarse la ropa y ponerse el pijama con poca ayuda.

Normas para niños de 4 años

- Respetar a papá y mamá.
- Ayudar a quitar el polvo de un mueble.
- Ayudar a preparar un postre sencillo o una ensalada.
- Poner la mesa (con todos los utensilios).
- Ayudar a lavar los platos o a cargar el lavaplatos.

Normas para niños de 5 años

- Respetar a papá y mamá.
- Ayudar a hacer la cama.
- Alimentar a la mascota.
- Ayudar a preparar el desayuno.
- Poner la mesa y ayudar a recogerla en cada comida.
- Limpiar la mesa después de las comidas.
- Vestirse y desvestirse autónomamente.
- Ayudar a doblar ropa.
- Especificar horarios: de ducharse y de ir a dormir.

Normas para niños de 6 años

- Respetar a papá y mamá.
- Pagar pequeñas compras.
- Atarse los cordones de los zapatos.
- Ayudar a ordenar la ropa doblada.
- Regar las plantas.
- Ayudar a pasear a la mascota.
- Ayudar en la cocina con pequeñas tareas (hacer bocadillos, limpiar verduras, etc.)
- Ayudar a hacer la mochila para ir a la escuela cada noche antes de la cena.
- Especificar horarios: de ducharse, de hacer deberes y de ir a dormir.

Normas para niños de 7 años

- Respetar a papá y mamá.
- Pasar la aspiradora o barrer algunas habitaciones.
- Tirar la basura a los diferentes contenedores para reciclarla.
- Poner y quitar la mesa.

- Ayudar a tender la ropa o ponerla en la secadora.
- Elegir cada noche la ropa que se pondrá al día siguiente, adecuada al clima y ocasión.
- Hacer su mochila para ir al colegio, cada noche antes de la cena.
- Ayudar a bañar a la mascota.
- Dejar el cuarto de baño limpio después de utilizarlo.
- Especificar horarios: de ducharse, de hacer deberes, de ver la televisión y de ir a dormir.

Normas para niños de 8 años

- Respetar a papá y mamá.
- Fregar alguna habitación.
- Tener los armarios ordenados y la habitación recogida.
- Ayudar a sus hermanos menores si se lo piden.
- Hacer su cama.
- Ayudar a los padres cuando compran en el supermercado.
- Especificar horarios: de ducharse, de hacer deberes, de utilizar pantallas (televisión, consolas, juegos de móvil…), de despertarse y de ir a dormir.

Normas para niños de 9 años

- Respetar a papá y mamá.
- Ayudar a poner una lavadora.
- Tender la ropa o ponerla en la secadora autónomamente.
- Hacer pequeñas compras (el pan, por ejemplo).
- Cambiar las sábanas de su cama.
- Especificar horarios: de ducharse, de hacer deberes, de utilizar pantallas (televisión, consolas, juegos de móvil…), de despertarse y de ir a dormir.

Normas para niños de 10 años

- Respetar a papá y mamá.
- Doblar la ropa autónomamente.
- Ayudar a hacer la comida.
- Especificar horarios: de ducharse, de hacer deberes, de utilizar pantallas (televisión, consolas, juegos de móvil...), de despertarse y de ir a dormir.

Normas para niños de 11 años

- Respetar a papá y mamá.
- Ayudar a limpiar el coche familiar.
- Cocinar algún plato sencillo.
- Especificar horarios: de ducharse, de hacer deberes, de utilizar pantallas (televisión, consolas, juegos de móvil...), de despertarse y de ir a dormir.

Normas para niños de 12 años

- Respetar a papá y mamá.
- Ir al colegio autónomamente (si la distancia y las circunstancias lo permiten).
- Saber utilizar el transporte público como el autobús o el metro.
- Hacer compras en el supermercado.
- Ayudar a planchar prendas de ropa sencillas.
- Especificar horarios: de ducharse, de hacer deberes, de utilizar pantallas (televisión, consolas, juegos de móvil...), de salir con los amigos por la tarde, de despertarse y de ir a dormir.
- Posibilidad de tener un móvil (a partir de primero de la ESO) siempre y cuando los padres fijen pautas en cuanto a su utilización (lo trataremos en el capítulo sobre las pantallas).

Ritual de inicio y seguimiento de las normas

Como hemos visto, el establecimiento de normas explícitas es trascendental para el funcionamiento familiar, por lo que propongo que se les dé la importancia que tienen de este modo:

- Ritual de inicio. La propuesta es que (a no ser que sea una familia monoparental) estén presentes ambos progenitores en la entrega de las normas. Se debe comenzar, independientemente de la edad del niño, con una breve explicación acerca de que el objetivo es que poco a poco se responsabilicen de sus cosas y colaboren más con las tareas domésticas. Además, se les dirá que habrá consecuencias, es decir, que, si todo va bien, podrán jugar más rato, o ver la televisión, o se les leerá un cuento por la noche (lo veremos más adelante en el apartado «Castigos versus consecuencias»).
- Cada hijo con sus normas. Recordemos que, a no ser que sean gemelos, si tienen diferentes edades las normas serán adecuadas a los años de cada uno. Cada año han de cambiarse de acuerdo con la edad del niño. Recordemos que los momentos ideales son el comienzo o el fin del curso escolar, pues cambian los horarios y el ritmo de la vida.
- Las normas se darán por escrito. Si no saben leer todavía, se confeccionará con ellos un mural con dibujos que simbolicen lo que les pedimos. En general les encanta hacer ese tipo de actividades con los padres, por lo que será fácil que luego quieran colgarlo en algún lugar visible de su habitación. Si son mayores, les daremos el listado que pueden guardar o colgar, lo que prefieran, lo importante es que lo cumplan.

Consecuencias del cumplimiento de las normas

Veamos ahora cómo conseguir que esas normas familiares sean eficaces y no se conviertan en un listado de buenas intenciones que no funcionan.

Las normas deberán estar correlacionadas a unas consecuencias, si no, no hay garantía de que los hijos las acaten. No me estoy refiriendo a castigos. Los castigos pueden ser una pena impuesta para escarmentar, lo cual no es pedagógicamente recomendable. Las consecuencias son los hechos que siguen a una conducta o acción, de manera que, en este caso, si los pequeños hacen lo que se espera de ellos las consecuencias serán positivas, y si no, serán negativas. ¿Cuáles serán las consecuencias? Pues, dependiendo de la edad:

- Ver la televisión.
- Tiempo de calidad con los padres: leerle un cuento o jugar un rato con el niño (seamos realistas, en el día a día tal vez no hay mucho tiempo, pero no se trata de la cantidad de minutos, sino de hacer algo juntos. Si no resulta divertido jugar al futbol o a las muñecas, no hay que hacerlo, el niño detecta que no nos estamos divirtiendo con ellos. Es preferible hacer otra actividad que guste a los implicados: pintar, hacer manualidades, cantar, juegos de rol, etc.).
- Jugar a la Play.
- Usar el ordenador.
- Estar diez minutos más en el parque jugando.
- Usar el teléfono móvil.
- Tener acceso a internet.
- Salir con los amigos.

- Hacer palomitas el viernes y ver una película juntos.
- Recibir una pequeña paga semanal.

Es decir, no se trata de comprarles algo especial, se trata sencillamente de que en función de su comportamiento sigan disfrutando aquello que ya tienen.

Como consecuencia de la falta de límites, la actual generación de niños tiende a creer que, por el hecho de existir, tiene derecho a todo. Las normas ligadas a las consecuencias posibilitarán que valoren lo que tienen. Por ejemplo, muchos padres no les asignan paga a los hijos, pero constantemente les dan pequeñas cantidades de dinero para caprichos. De esta forma crecen sin saber lo que cuesta tener un euro. Recomendamos que, en el momento en el que el niño sepa sumar y restar, disponga de una simbólica cantidad de dinero semanal (uno o dos euros) para ir «ahorrando» y empezar a tomar pequeñas decisiones. Eso sí, esta paga dependerá de si se la ha merecido o no. No es lo mismo pedir cromos que pedirlos y que la respuesta sea «de acuerdo, pero los compras con el dinero de tu hucha». Tal vez el niño piense que si se gasta el dinero en cromos se quedará sin euros y prefiere gastárselo en caramelos, de manera que no solo estará valorando y gestionando su dinero, sino que empezará a tomar sus propias decisiones, lo cual es sinónimo de crecer.

Las consecuencias no se han de dar por escrito, tan solo se les mencionan algunas en el ritual de dar las normas. De esta manera, los padres tienen más margen de maniobra para aplicarlas.

Criterios

Lo más importante: hay que aprender a aplicarlas. Para que funcionen, han de ser:

Inmediatas

Es decir, si el niño no pone la mesa cuando se lo hemos dicho, luego no jugará con la consola (y la mesa la ha de poner igualmente). Para un niño, y más si es pequeño, cinco minutos esperando puede ser una eternidad, y una hora jugando muy poco tiempo. No gestionan ni prevén el tiempo como los adultos. De hecho, en la infancia somos expertos en vivir el presente, y a medida que crecemos aprendemos a mirar hacia el futuro (o hacia el pasado).

De ahí que no es nada educativo decirle que el sábado no irá al cine porque no ha hecho los deberes el martes. El sábado ni se acordará de lo que pasó el martes, y lo que es peor, el miércoles posiblemente tampoco haga los deberes, porque ¿para qué?, total ya se ha quedado sin ir al cine. Las consecuencias han de ser inmediatas. Lo más inmediatas posible.

Adecuadas

Es decir, siempre que se pueda, la consecuencia debería estar ligada a la norma no cumplida. Por ejemplo: «La ropa sucia se ha de dejar en la cesta del lavadero»: si el niño no lo cumple, la ropa que no esté en la cesta no se lava. Aunque entre ella esté su pantalón favorito o el chándal para hacer deporte y que ha de llevar al día siguiente al cole. Pues no. No se lava su ropa. El niño sufrirá las consecuencias lógicas. No tendrá la ropa limpia y posiblemente tenga una falta en el colegio.

Como padres hemos de ser capaces de hacer algo así, aunque no llevar el chándal implique no hacer una clase. Pero es muy probable que solo pase una vez, que en futuras ocasiones se acuerde y aprenda. Hay muchos padres que piensan que si el hijo no lleva el chándal los profesores considerarán que ellos son descuidados como padres. Esa idea implica que la responsabilidad del hijo la asumen los padres. Así difícilmente se responsabilizarán; les impedimos crecer. Animo a utilizar esta estrategia con una nota al profesor, desde la complicidad, en la que indiquemos que nuestro hijo «está en proceso de aprender que la ropa sucia se lleva a la cesta».

Proporcionales

En muchas ocasiones, cuando un hecho indeseable se repite, suele causar un efecto emocional negativo e incluso desproporcionado. Por ejemplo, la mochila del cole está tirada de nuevo en la entrada de la casa. El progenitor, especialmente cansado ese día, tal vez por otros motivos, puede enfadarse mucho y decirle al hijo: «¡Te has quedado sin ver los dibujos toda la semana! ¡Ya está bien! ¡Siempre lo mismo!». Y claro, hemos de pensar que, aunque sea reincidente, objetivamente la «falta» no es tan grave. Con ese tipo de reacción, al día siguiente, si vuelve a hacerlo, se quedará sin ordenador y pasado mañana sin lectura de cuento antes de dormir. Si seguimos así durante una semana, no solo nos quedamos rápidamente sin consecuencias, sino que no tendrá alicientes para cumplir las normas.

Es mucho más eficaz que, si hoy no ha dejado la mochila en su sitio, le llamemos con calma y le digamos que la lleve a su sitio, y que, por no haberlo hecho al llegar de la escuela, hoy tendrá media hora de televisión en lugar de una hora.

La clave es mantener las normas y las consecuencias en el tiempo, no despistarnos o aflojar progresivamente, quitando importancia como si «por un día no pasa nada». Solo podemos hacer excepciones cuando las normas están consolidadas y funcionan fluidamente, sin necesidad de que les recordemos lo que han de hacer. Porque, obviamente, los niños han de incorporarlas y automatizarlas, y mientras eso no ocurre hemos de recordarlas, con un tono amable y dando por supuesto que lo harán.

Cuando están automatizadas, los padres (la autoridad competente) pueden decidir hoy «puedes ir a dormir más tarde», «hoy no hace falta que dobles los calcetines», etc.

Para concluir, recordamos que uno de los sistemas más eficaces en la educación sigue siendo el refuerzo positivo. Es decir, cuando un niño empieza a hacer algo nuevo o se esfuerza por aprender, el hecho de que los padres (o maestros) le feliciten (proporcionalmente) es un gran aliciente para él, de manera que se potencia que siga poniendo energía en superarse.

Si tenemos en cuenta estos criterios, las consecuencias tendrán el efecto educativo que deseamos. Las normas funcionarán, los hijos obedecerán y se sentirán responsables y mayores. Y por supuesto, son incalculables las discusiones y momentos de tensión que nos ahorraremos.

4

Las pataletas. Tolerar la frustración

«Cariño, no llores y levántate del suelo»

«Es más fácil criar niños fuertes
que reparar hombres rotos».

FREDERICK DOUGLASS

Irene es una niña encantadora de 5 años. Acaba de comenzar el primer curso de primaria, es hija única y sus padres piden ayuda porque no saben qué hacer ante sus continuas pataletas. Relatan que desde que tenía unos dos años, Irene se transforma en tres segundos de ser un ángel a ser un monstruo. Les pido ejemplos para ver cómo se da esa metamorfosis y explican situaciones habituales como ir a recogerla al colegio por la tarde: «Vamos a buscarla a la escuela con toda la ilusión, después de echarla de menos durante el día, ya que se tiene que quedar en el comedor; nos ve, se lanza a nuestros brazos para darnos un maravilloso abrazo y un dulce beso y dos minutos después ya ha empezado a llorar y gritar porque el bocadillo de la merienda no es de chocolate. Le decimos que el queso está muy bueno, pero es igual; ya no nos escucha, nos da golpes, comienza a llorar, intentamos calmarla, le decimos que ese queso también le gusta mucho, que es muy nutritivo y que todos los días el bocadillo no puede ser de chocolate. En lugar de tranquilizarse se enfada aún más y los golpes son cada vez más fuertes.

Los padres y los niños de alrededor miran con cara de vergüenza ajena. Algún padre nos ofrece alguna galleta para ver si así Irene se conforma, pero lejos de eso, es capaz de coger la galleta y tirarla al suelo. Nosotros vemos que ya ha entrado en ese punto de no retorno, es como si se pasara de vueltas. Queremos tranquilizarla, le decimos con paciencia: «No llores, cariño», pero ya no atiende a razones y hace otra pataleta de las suyas. Muchos días no deja de llorar hasta que llegamos a casa, ni se come el bocadillo».

Otra escena habitual es el momento de ir a la ducha: «Cada día por la tarde se ha de duchar y cada vez es un drama. Le decimos que venga al baño que tiene que ducharse, y de entrada dice que no quiere, entonces le explicamos que ha hecho deporte, que ha sudado y que hay que asearse cada día y que ahora es el momento. Irene, con un tono enfadado y más bien gritando dice que le da igual, que no huele mal y que no pasa nada. Nosotros después de un rato la convencemos y cuando le decimos de ir ya, que se ha hecho tarde porque llevamos quince minutos hablando, nos dice indignada que está jugando y que luego irá.

En general, como nos ha dicho que irá, le dejamos que juegue un ratito más, pero después sigue sin querer ir; de hecho, lo normal es que vayamos a buscarla a su habitación y que, tal cual nos ve, se tire al suelo chillando «Noooo» como si la estuvieran matando. Es desesperante, pero aun así le decimos: «No llores, cariño, y levántate del suelo». Llegados a este punto, lo único que podemos hacer es cogerla del brazo y llevarla al baño, aunque sea con ella gritando que no quiere ducharse y arrastrándola hasta la bañera. Al final, mientras se baña se pasa todo el rato quejándose, llorando y chillando. Realmente estamos cansados porque cada día es lo mismo».

OBJETIVOS

- Aprender a tolerar la frustración.
- Ofrecer al niño alternativas para gestionar su enfado y su ira.

Todo aquel que haya presenciado la pataleta de un niño sabe que finaliza con la calma y la relajación. Desde fuera, y cuando no hay un vínculo emocional, es más fácil ver que se trata de la válvula de escape del pequeño. Es como una catarsis, pero esto no implica que no debamos gestionarla bien para evitar que se cronifique en el tiempo.

Estamos, por lo tanto, ante una dificultad del niño para expresar y gestionar sus emociones, en este caso la rabia. Esto puede superarse de una forma natural en función de lo que el niño y los padres hagan. Lo deseable y razonable es que el niño, con ayuda de los padres, mejore su capacidad de comunicación y su tolerancia a la frustración.

Pero esto no siempre ocurre. Uno de los motivos principales es que, a la mayoría de padres, les resulta insoportable ver que sus hijos no están bien. De hecho, detrás de una actitud hiperprotectora y permisiva hay una creencia de que el niño debe experimentar un estado de felicidad continua durante su infancia. Lo cual obviamente es muy poco realista y contraproducente, ya que en la vida no todo serán momentos de alegría y cuanto antes tenga herramientas para manejar su frustración, celos, envidia, rabia y otras emociones negativas habituales en el ser humano, mayor será su inteligencia emocional y, a largo plazo, menor su sufrimiento.

Estamos nuevamente ante una dificultad en la evolución y crecimiento del niño que se puede convertir en un problema. Esto sucede cuando los padres pierden de vista el objetivo de ayudar a su hijo a gestionar sus emociones, en este caso la frustración y la ira, para centrarse en que no llore y que no haga esa pataleta. Si además se da en un lugar público, se convierte en una escena todavía más indeseable y desesperante.

La solución no es que no muestre sus emociones. De hecho, es triste y demasiado habitual que, a medida que crecemos, aprendemos a no demostrar aquello que sentimos. De manera que para muchas personas se produce un efecto «anestesia», es decir, de tanto ocultar los sentimientos al final se desconectan emocionalmente y les cuesta saber qué sienten. Uno de los objetivos de los padres debería ser enseñar a los hijos a reconocer y gestionar sus emociones, para que se formen como personas emocionalmente inteligentes.

CÓMO SE CREA EL PROBLEMA

En torno a los 2 años empieza la etapa del «no». Los pequeños descubren que pueden decir esta palabra y oponerse, quieren una cierta autonomía, decidir cosas que les afectan directamente, pero sus criterios no son razonables. Tampoco tienen la habilidad emocional de lidiar con la frustración ante la negativa de los padres. Como sus capacidades de habla todavía son limitadas, exteriorizan con el cuerpo lo que no pueden hacer con palabras y utilizan lo que conocen bien desde que nacieron: el llanto, los gritos, junto con los puñetazos y patadas. De modo que podemos entender las pataletas o rabietas como la forma inmadura que un niño tiene de expresar su frustración, ira o enfado, cuando todavía no controla las emociones ni las puede expresar oralmente.

¿Son previsibles o imprevisibles? Seguramente, si hiciésemos esta pregunta a los padres la inmensa mayoría diría que son previsibles. Según Aletha Solter hay tres situaciones básicas en las que un niño puede tener una rabieta:

- Cuando tiene una necesidad básica, como hambre, sed o sueño, que no puede satisfacer en ese momento.
- Cuando no entiende una situación.
- Cuando necesita descargar una tensión acumulada. Es decir, que una situación actual puede servir de detonante para liberar enfado, frustración o incluso miedo por algo que ya pasó.

O sea, es evidente que la mayoría son previsibles. Esto debería proporcionarnos una ventaja a la hora de intervenir y ayudar al niño. Si es previsible no hay efecto sorpresa y podemos prever nuestra reacción ante la conducta del pequeño. Este factor, como veremos más adelante, lo tendremos en cuenta para proponer estrategias resolutivas.

Si se trata de una dificultad habitual, que suelen superar de forma natural alrededor de los 4 años, ¿por qué algunos niños con 6 años aún la tienen? Está claro que no todos los niños son iguales, algunos se lo ponen más difícil a sus padres, y si estos dudan sobre cómo gestionar adecuadamente esta conducta es probable que las pataletas perduren.

A veces el cansancio de los padres hace que bajen la guardia y digan que sí, cuando otras veces han dicho que no. De esta manera la norma no queda clara. El niño entiende que todo es variable, lo cual le da mucha inseguridad. Otras veces el contexto social o familiar ejerce una presión insoportable para los padres, y estos procuran contentar al hijo para que no «estalle»; el niño, de nuevo, ve que los padres no siempre actúan igual.

A veces uno de los padres lo pasa muy mal cuando oye llorar a su hijo, pero si encima es una pataleta, con toda aquella desesperación y los gritos y golpes que la acompañan, es muy probable que ceda, después de un buen rato, a la demanda del niño. Si el otro miembro de la pareja opina que no deberían ceder, la situación empeora, porque a la escena dramática del niño se añade una pelea entre los padres. Es lícito que dentro de la pareja existan criterios diferentes, pero cuando se trata de la educación de los hijos es imprescindible unificarlos. De hecho, y lo hemos dicho ya unas cuantas veces, no es casual que la mayoría de las separaciones se dé en torno a los dos primeros años de crianza de los hijos.

Los padres que llegan a mi consulta están desesperados y suelen decir: «Hemos probado de todo, y ya no sabemos qué hacer». ¿Qué han hecho ante la pataleta de su hijo?

Decirle que no llore y que aquello que quiere no puede ser

El llanto del niño es insoportable para muchos padres, que reaccionan inmediatamente con un «no llores», sin valorar la importancia trascendental que tiene el poder llorar en muchas situaciones. Si un niño crece reprimiendo su instinto de llorar, probablemente de adulto no lo haga nunca, por lo que cerrará un canal natural de gestión de emociones como la tristeza, la ira o la frustración, entre otras.

Según Elisabeth Kübler-Ross, «las lágrimas son una de las muchas vías con las que liberamos la tristeza, uno de los maravillosos mecanismos de curación que tenemos incorporados (...). Lo peor que puedes hacer es parar justo cuando acabas de comenzar a dejarte ir. Las lágrimas no lloradas hacen el pozo de la tristeza más profundo aún. (...) Las lágrimas pararán solas. Si lloras hasta la última lágrima te sentirás liberado. (...) Las lágrimas no son una señal de debilidad sino más bien la expresión de un dolor profundo. (...) Si llorar es parte de nuestra cultura, una expresión de nuestra tristeza, y tenemos ganas, hemos de utilizar este maravilloso regalo sin ningún tipo de duda».

Habitualmente sucede que ver llorar a una persona querida nos entristece, nos duele, pero decirle que no lo haga no solo no le ayuda, sino que le perjudica. Si se trata de un niño, nuestra reacción no puede ser censurar la emoción. Hemos de aprender a sostener el dolor de verle sufrir para poder acompañarlo y ayudarlo realmente.

Si le decimos que no llore y deja de hacerlo: malo. Aprende a censurar su emoción, no a gestionarla saludablemente. Si le decimos que no llore y continúa: malo. Aprende que sus lágrimas ejercen un gran poder sobre nosotros, que es lo que pasa en el caso de las rabietas.

Cuando los padres intentan convencer al hijo de que no llore, suceden dos cosas:

- El objetivo de que el niño aprenda a gestionar su frustración se cambia por el de que no llore ni patalee.
- El llanto del niño no cesa y, además, lo habitual es que todavía se enrabiete más al sentir que sus padres no le entienden.

Los padres le piden que no llore, pero no le dicen qué ha de hacer. El niño no tiene alternativas saludables y todavía se frustra más. No solo no tiene lo que quería, si no que siente que los padres no le comprenden y le dicen que no llore, cuando en realidad, si él supiera qué hacer con todo lo que le está sucediendo, ya lo habría hecho para no pasarlo mal.

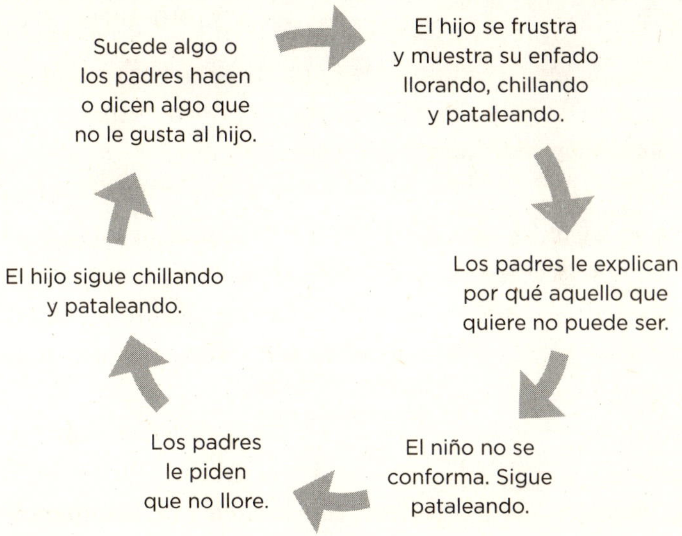

Darle lo que quería

El niño comprueba que, ante su frustración, cuando llora y patalea los padres a veces acceden a lo que él quiere e interpreta que debe llorar más fuerte, o por más tiempo, para conseguir las cosas, por lo que se refuerza este comportamiento. La próxima vez que quiera algo ya sabe lo que tiene que hacer.

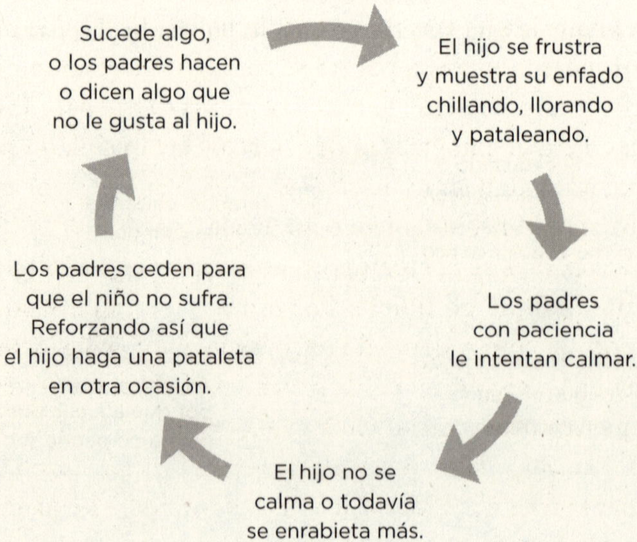

Así es cómo los padres, con la mejor de las intenciones, en vez de ayudar a su hijo a gestionar esta rabia han empeorado el problema, y el niño no hará ningún esfuerzo para contenerse.

Estos niños crecen con la sensación de que pueden conseguir lo que quieran llorando y quejándose, y pueden llegar a convertirse en verdaderos déspotas con sus padres. Los padres, por «miedo» a la reacción de su hijo son capaces de no darse cuenta de que el tono con el que dicen «¡agua!» es un absoluto imperativo; aun así, le sirven el agua para que no se enfade, consolidando en el hijo el poder sobre sus padres.

Regañarle y castigarle

Ante una pataleta y otras situaciones en las que el niño «no se porta bien» muchos padres se enfadan inmediatamente porque interpretan que lo hace voluntariamente para fastidiarles. Pero el niño hace lo que puede. Hay que plantearse que cuando alguien no hace algo es básicamente por tres motivos: no sabe, no quiere o no puede.

Los padres se enfadan porque interpretan como única posibilidad que no quiere. Por eso le piden que cese su comportamiento, y como no lo consiguen le riñen e incluso le castigan. Pero esta no es la solución. El niño, la próxima vez que se encuentre en una situación similar, reaccionará igual. El castigo no le habrá enseñado cual es la alternativa saludable frente a su frustración. Nuevamente los padres cambian el objetivo sin darse cuenta. En lugar de que aprenda a gestionar las emociones, logran que deje de mostrar su enfado y censuran su rabia.

El enfado de los padres añade tensión a la escena. La rabia se contagia y padres e hijo entran en una escalada en la que, ante los lloros, los progenitores riñen al niño, este se enrabieta más, llora más, los padres se enfadan más y le siguen censurando y riñendo hasta que le castigan con la intención de que esa indeseable escena cese y que el niño aprenda. Pero así no funciona. Difícilmente dejará de llorar y patalear de inmediato y, desde luego, no habrá aprendido a gestionar su ira. Seguirá sin recursos alternativos saludables.

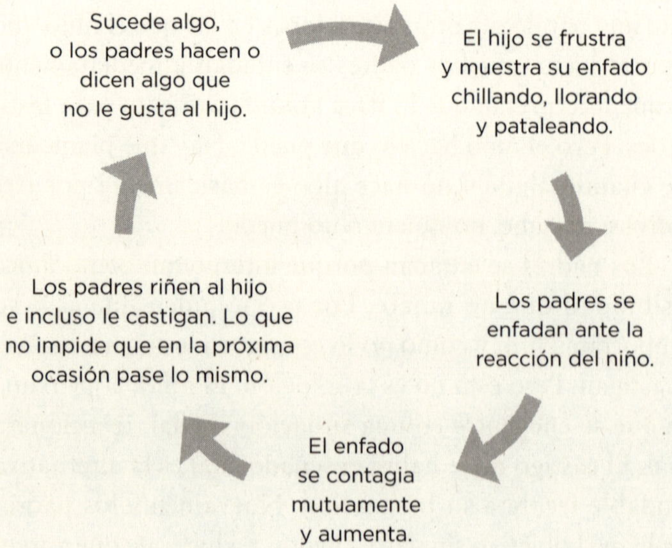

Cogerlo a la fuerza y obligarle a hacer lo que le decimos

Algunos padres optan sistemáticamente, o en alguna ocasión, por obligar al niño a asumir aquello que ha provocado la rabieta. En estos casos intentan contener la rabieta físicamente y luego obligarle a hacer aquello que le han dicho. El niño puede sentirse agredido si lo levantan del suelo en plena rabieta y lo hacen claudicar. Esto necesariamente lo enoja más, pues no se siente ni respetado ni entendido. Los padres tampoco suelen quedar satisfechos por el nivel de tensión que se genera y porque, finalmente, la situación se repite, pues el niño no sabe qué hacer con la frustración y la rabia. En este caso podríamos pensar que se ha cumplido el objetivo de que cese la pataleta, pero en realidad solo se ha contenido esta en concreto, habrá más porque no se ha logrado el otro objetivo: aprender a gestionar las emociones.

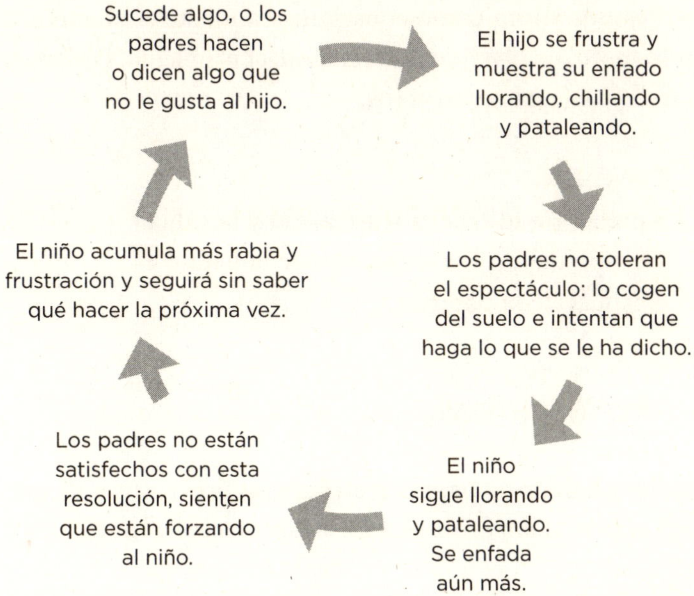

Estos intentos por resolver el problema no solo no funcionan, sino que lo empeoran.

CÓMO SE RESUELVE

Como hemos visto, en los intentos fracasados de solución hay varias trampas comunes:

- Cambian el objetivo de aprender a gestionar la frustración por el de que deje de llorar y patalear en ese momento.
- No valoran si lo que están haciendo funciona y consiguen lo que querían.

Veamos ahora cómo conseguir realmente el objetivo y, por lo tanto, resolver definitivamente el problema. Podemos intervenir en cuatro aspectos:

- Prevención.
- Aprender a tolerar la frustración y la rabia.
- Gestión del primer momento de la pataleta.
- Después de la pataleta.

PAUTAS PREVENTIVAS

Podemos hablar de pautas y estrategias preventivas ya que muchas pataletas son absolutamente previsibles. Por ejemplo:

- Si tiene que comer un alimento que no le gusta.
- Si es viernes por la tarde (el que sea padre de un niño escolarizado estará de acuerdo: el viernes el hijo está más cansado, de manera que es más susceptible de descontrolarse emocionalmente).
- Si se le niega algo que quiere en ese momento.
- Si cree que no le entienden.
- Si sucede algo no previsto por él.
- Si ha de hacer algo que no le gusta (ducharse, ayudar...).
- Si está cansado físicamente.
- Si tiene hambre.
- Si tiene sueño.

Que las pataletas sean en su mayoría previsibles es una ventaja que hemos de saber aprovechar. Podemos tener en cuenta las siguientes pautas y estrategias para reducir la cantidad de ocasiones en las que se dan.

Normas y consecuencias

Como vimos en el capítulo anterior sobre poner límites, los niños necesitan prever al máximo lo que va a ocurrir, esto les ofrece estabilidad y tranquilidad. Para ello los padres hemos de ofrecer un entorno en el que haya unas normas claras y estables con sus correspondientes consecuencias.

Muchas de las pataletas son fruto de la falta de información del niño sobre lo que ocurrirá próximamente. Una situación típica es que esté jugando y tenga que ducharse, acompañarnos a comprar o irse a dormir. Si en las normas se establece el día de la compra, la hora del baño o de acostarse, el niño lo puede prever y no lo convertirá en una lucha diaria.

Evitar el no

Cuando el niño recibe un no como respuesta, es muy probable que comience una pataleta en ese instante. Por lo que debemos comunicarnos más eficientemente. Es decir, hemos de aprender a decir no sin utilizar esta palabra que actúa como detonante de la bomba. Además, cada vez que comenzamos una frase con el adverbio «no», estamos marcando lo que no queremos, lo cual es poco eficaz.

Una fórmula que funciona muy bien es: «Me gustaría, pero no puede ser». El niño verá que le entendemos y que compartimos su deseo, pero por algún motivo externo no puede ser. Frustrarse desde la complicidad y la empatía es menos duro para el pequeño.

También podemos negarnos, pero ofreciéndoles una alternativa mejor: «Entiendo que quieras pintar, pero en el sofá no puede ser; sin embargo, puedes hacerlo en este cuaderno o en una cartulina grande».

Avisar cinco minutos antes

Otra situación clásica se da cuando el niño está jugando y le decimos que recoja los juguetes porque ya se acabó el tiempo de jugar. Es una escena en la que el niño quiere hacer algo, pero no le dejan. Como es algo muy previsible hay que adelantarse y avisar cinco minutos antes. Por ejemplo: «Te quedan cinco minutos para seguir jugando, luego tendrás que recoger los juguetes». Decimos cinco minutos antes y no diez, ni quince ni tres porque es importante que sea un tiempo ni demasiado corto (tres minutos) en el que el niño no tendría tiempo de «cerrar» su juego, ni demasiado largo (diez minutos) en el que quedaría absorto en el juego y se frustraría igualmente.

Refuerzo positivo

Los beneficios del refuerzo positivo están demostrados. Esto es, destacar y alabar cuando el niño gestiona mejor sus emociones, ya sea porque se ha calmado antes o porque la intensidad ha sido menor; felicitarlo si en el pasado, ante la misma situación, hubiera roto a llorar y ahora no. Si además se le dice: «Estoy orgulloso de ti, lo has hecho muy bien», el niño sentirá la satisfacción de esforzarse para tener contentos a sus padres.

Es decir, la gestión de la frustración es un proceso en el que, poco a poco, el niño aprende fórmulas para manejar esta emoción. De modo que, si en lugar de censurar y poner atención a la conducta negativa los padres felicitan los pequeños avances, el aprendizaje se consolidará más rápidamente.

Distracción

El hecho de que una conducta no deseada sea previsible nos da un margen que debemos aprovechar. En el ejemplo que hemos descrito al principio, Irene suele enfadarse si el bocadillo no es de chocolate, de modo que los padres pueden distraer a la hija con algún tema de su interés mientras le dan el bocadillo: «¿Hoy has jugado al fútbol en el patio?», «Ahora vamos al parque y subiremos al tobogán», etc.

PAUTAS PARA APRENDER A TOLERAR LA FRUSTRACIÓN Y LA RABIA

Las causas de la frustración pueden ser infinitas. Muchas veces el detonante es que no pueden escoger, o que sienten que se les impone algo. De manera que, nuevamente, hay muchos casos en los que los padres pueden prever que, en función de lo que le digan al hijo, hará una pataleta. Eso no significa que no debamos decirles nada frustrante, pero sí que podemos enseñarles a tolerar la frustración de forma progresiva.

Ofrecer alternativas aceptables

Podemos ayudar a los niños a gestionar mejor su frustración si actuamos de forma diferente a la habitual. Por ejemplo, cuando tienen que dejar de jugar y realizar una tarea como hacer su cama, en lugar de repetir la fórmula habitual de «Haz la cama», podemos darle una alternativa aceptable como, por ejemplo: «¿Haces la cama ahora o dentro de cinco minutos?». La respuesta del pequeño será más que probablemente la segunda opción, pero ambas respuestas son buenas para los padres y la organización familiar. Hemos de calcular cuándo queremos que haga la tarea y decírselo antes. Si le damos la oportunidad de decidir es más probable que no haya quejas. Luego hay que avisarle a la hora exacta pactada y si hay alguna queja no darle importancia, intentaremos distraerlo mientras le acompañamos a la habitación y, cuando se dé cuenta, ya estará haciendo la cama.

Usar la imaginación

Hasta los 8 años, en general, los niños mezclan el mundo imaginario y el real. Podemos aprovechar esto para gestionar algunas situaciones. Pongo como ejemplo una situación que viví con mi hija.

Íbamos en el coche, yo conduciendo y ella en su sillita en el asiento trasero, cuando empezó a decir que tenía hambre y que quería un plátano. Todavía quedaban unos quince minutos para llegar a casa y poder satisfacer esa necesidad imperiosa, de modo que no quería ni imaginarme hacer ese trayecto con una pataleta. Mi primera reacción fue la racional, claro. Es decir, explicarle que teníamos que esperar a llegar a casa y que enseguida podría merendar. En la infancia el aquí y ahora es lo único que existe, «después» o «mañana» suelen ser detonantes de la ira. Como es normal ella comenzó a exigir: «¡Ahora!». Su tono de voz aumentó y comenzó a llorar. En el siguiente semáforo en rojo le dije algo así como: «Menos mal que mamá siempre lleva plátanos mágicos en el bolso». Lo abrí e hice como si sacara uno. Desde el espejo retrovisor vi que mi hija se había quedado atónita por lo que su madre estaba haciendo. Pelé el plátano imaginario, me giré y se lo di diciéndole que tuviera cuidado que no se le cayera. Mi hija lo cogió y, mientras yo seguía conduciendo, «se lo comió».

Cuando la pataleta se iniciaba mi hija pudo gestionar la rabia y la frustración gracias a su imaginación. Nunca podré agradecerle en su justa medida todo lo que me ha enseñado.

Hacer divertido lo aburrido

Nuevamente, esas ocasiones previsibles las podemos transformar en una oportunidad para enseñar a tolerar la frustración. Por ejemplo: recoger juguetes suele ser algo tedioso, pero podemos conseguir que sea divertido si lo planteamos como un reto en el que tenemos que batir nuestro propio récord Guinness, guardando los juguetes en el menor tiempo posible. Para ello hay que aliarse con el niño y hacer un equipo (progenitor e hijo), tener un cronómetro que él ponga en marcha y que lo pare cuando todos sus juguetes estén recogidos. Luego hay que anotar el tiempo y el reto es ir mejorando cada día el récord. Más adelante se le puede poner como reto que lo haga él solo, y los padres controlan el cronómetro.

También se puede convertir en nuestro ayudante en el supermercado y que se encargue de coger ciertos productos. Es decir, tener presente que es más probable que haga una pataleta un niño aburrido que uno entretenido.

Aprendizaje de la frustración

Muchos padres, conscientes del efecto de la frustración en su hijo, intentan a toda costa que no se frustre, por lo que todavía tarda más en aprender. En este sentido es buena fórmula que tenga habitualmente pequeñas frustraciones fáciles de tolerar, de manera que se vaya «inmunizando» a ellas. De manera paulatina aumentarán, pero así irá aprendiendo a gestionarlas razonablemente. Las frustraciones se han de «graduar» en cuanto a:

- El tiempo: las cosas no han de ser ya, pueden ser dentro de cinco minutos.
- El modo: no todo ha de ser exactamente como el niño quiere. Puede bañarse en la piscina, pero ha de ponerse los manguitos flotadores porque todavía no sabe nadar.
- La cantidad: puede comer helado, pero no una tarrina de 500 gramos.
- El lugar: puede orinar, pero no en cualquier lado.

Espejo de las emociones

Para poder gestionar una emoción, lo primero que tenemos que hacer es reconocerla. Cabe decir que a muchos adultos todavía les cuesta detectar qué sienten ellos mismos, por lo que, no seamos ingenuos, cabe admitir que no es fácil. Cuanto antes empecemos a enseñar a los niños mejor, mayor será su inteligencia emocional.

Una técnica muy eficaz es estar atentos a cómo está nuestro hijo y «hacer de espejo de sus emociones». Decirle cosas como: «Parece que estás enfadado», «Te veo nervioso», «Estás muy callado, ¿te preocupa algo?», «Qué contento se te ve cantando», etc. Es decir, ponerle nombre a lo que probablemente esté sintiendo y de lo que es posible que ni él mismo sea consciente. Esto no solo le enseña a detectar las diferentes emociones, como la ira, la rabia o la frustración, sino que además fortalece el vínculo, ya que el niño se da cuenta de que su padre o madre antes que él mismo sabe lo que siente.

Como padres esto nos obliga a haber hecho nuestro propio proceso de gestión de las emociones y, además, haber desarrollado una buena capacidad empática para ponernos en la piel del otro e intuir cómo debe sentirse. Otro ejemplo más de cómo los hijos nos hacen mejores personas.

«Ya puedes empezar a llorar»

Es decir, cuando estamos delante de una situación que previsiblemente dará pie a una pataleta, adelantarnos y decirle: «Ya puedes empezar a llorar porque toca acostarse». Es decir, le damos la orden de llorar, con lo cual:

- Si lo hace, nos está obedeciendo. Por lo que el principio de autoridad prevalece. No solo esto, sino que, aunque intente llorar, no lo conseguirá de la forma habitual, ya que es una reacción espontánea y en este caso sería una orden y por tanto voluntaria.
- Si no lo hace, habremos conseguido lo que queríamos, es decir, que la frustración no encuentre como única salida el llanto y los chillidos. En este caso se opondrá aprendiendo a contenerse. Experimentará que puede hacer algo diferente y que el efecto emocional no es tan duro.

Los pequeños quedan sorprendidos y sobre todo aprenden que sus lágrimas ya no tienen efecto.

Mantenerse firme

Hay que evitar que un no se convierta en un sí. Nuevamente, la utilización de la negación es muy importante. Si decimos no, se ha de mantener el criterio. El mensaje ha de ser claro y estable. Esto proporciona mucha seguridad a los hijos. «Si los papás dicen que no, es que no». Si esta firmeza es constante, los niños aprenden rápido: «Por más que llore, un no es un no», no hay lugar a dudas. Es inútil explicar a un niño de 6 años que necesita lavarse los dientes porque si no le saldrán caries. Sencillamente, por más que le expliquemos lo que significa no puede entender la trascendencia de la salud bucal. No tiene la experiencia vital, ni la capacidad de previsión para ello. El objetivo no es que lo haga contento y entendiendo la importancia que tiene. El objetivo es que lo haga sin que ello sea un problema cada vez. Y, en consecuencia, eludir la pataleta.

Recordemos que hay que evitar la negación como inicio de frase y que es mucho más eficaz decir: «Tendrás cinco minutos más de lectura del cuento, cuando hayas acabado de lavarte los dientes». Así facilitamos que la frustración de hacer algo tan aburrido para un niño como lavarse los dientes tenga el aliciente de tener luego unos minutos más de una actividad que le gusta, como leer un cuento o jugar.

PAUTAS PARA CUANDO LA PATALETA YA HA ESTALLADO

Evitar una escalada simétrica

Una pataleta puede ser vivida por los padres como una oposición y provocación constante por parte del hijo. Por eso es habitual que muchos progenitores, sin premeditarlo, inicien una escalada simétrica en la que intenten imponer su decisión riñendo a su hijo, castigándole e incluso cogiéndolo a la fuerza del suelo. El hijo se enfada y chilla más, provocando más enfado en los padres y así sucesivamente. Este desenlace es verdaderamente indeseable, ya que el nivel de tensión puede afectar el vínculo y, como vimos, no resuelve el problema. El niño se queda con más rabia todavía.

Sana desatención

Es decir, mantener la calma y observar qué hace el niño, evitando cualquier intervención por sutil que parezca. Por tanto, sin gestos de desaprobación, ni comentarios del tipo que sea, ni una mirada constante sin perderlo de vista que implicaría demasiada atención. En una pataleta que ya ha estallado, lo que interesa realmente es controlar la seguridad del niño en todo momento para poder actuar si fuera necesario, así como conseguir que dure lo menos posible y que la intensidad sea cada vez menor. Siempre desde una actitud tranquila. Actuar como si no nos afectara, como si no tuviera la pataleta. El niño, al ver que no afecta a los padres, tarde o temprano comprobará que con su conducta no consigue lo que desea, por lo que dejará de hacerlo.

La observación se ha de realizar desde una distancia prudencial. Si estamos a un metro del niño, él sabe que capta toda nuestra atención y puede interpretar que si sigue por ahí logrará lo que quería. Así que es muy importante alejarse prudencialmente para observar sin intervenir y no estar del todo a la vista del hijo.

De hecho, en internet se encuentran vídeos de niños en plena pataleta que cuando creen no ser observados por sus padres dejan de llorar y cuando estos aparecen reinician el llanto. Son esas situaciones en las que los pequeños son conscientes del poder de su llanto y lo utilizan. Por eso esta estrategia es perfecta para desmontar esta dinámica.

Evitar las explicaciones que intentan convencer al niño

Cuando el niño está enrabietado y fuera de control en su pataleta, intentar que nos escuche es sencillamente una misión imposible. No tendrá ningún efecto, no puede escuchar y mucho menos comprender. Como hemos visto antes, de hecho, es un intento de solución fracasado que todavía agrava más la situación. Callar y observar sin intervenir, tal y como acabamos de explicar, es una alternativa muy eficaz.

Evitar enfadarse con el niño

La rabia es una emoción difícil entre otras cosas porque tiene un efecto «contagio». Es fácil sentir rabia si vemos, oímos o sentimos la rabia de alguien. Si además mantenemos con esa persona un vínculo emocional es más que probable que su ira nos contamine. Los padres son modelos de referencia para los niños. La imitación es una de sus principales fuentes de aprendizaje. Así que será muy fácil que si nosotros mostramos nuestra ira descontroladamente el niño también lo haga.

Mantener la calma en una situación como la pataleta de un hijo es difícil. Requiere grandes dosis de paciencia y sangre fría, pero sobre todo tener claro que enfadarse con él aumentará su rabia y por tanto la intensidad y tiempo de la pataleta. Si encima lo castigamos en ese momento, el efecto será todavía mayor, en absoluto lo calmará, por lo que es obvio que no soluciona nada.

«¿Qué dices? Así no te entiendo»

Es decir que cuando el niño hable con chillidos sistemáticamente le digamos que no le entendemos. De esta manera la comunicación —la suya— no será eficaz y se esforzará para cambiarla. En general, los padres tienen una habilidad especial para entender la «lengua de trapo» de sus hijos desde que empiezan a decir sus primeras palabras y saben que cuando su hijo dice «piapias» en realidad ha querido decir «gracias», o si dice «no tero» es un clarísimo «no quiero». Cuando lloran o chillan no vocalizan, pero eso no es un problema para los padres que captarán el mensaje igualmente. Esto, que a nivel comunicativo podríamos pensar que es una ventaja, se puede convertir en un problema, ya que, si el niño habla chillando o llorando y es funcional, no hará ningún esfuerzo por cambiar. Seguirá con su actitud y conducta negativa.

Por lo que deberíamos decirle: «¿Qué dices? Así no te entiendo» o «Cuando chillas no te entiendo», para que deje de hacerlo y mantenernos en esa posición hasta que los decibelios bajen a niveles prácticamente normales. Será una gran forma de gestionar la frustración mediante la regulación del tono y volumen de voz. Es una cuestión de práctica y constancia.

Contagiar la calma

Como hemos visto, la rabia se contagia. Pero no es la única emoción con este efecto. La calma también se puede transmitir e imitar. Por lo que insistimos en la pauta general de mantener la calma especialmente cuando el hijo esté nervioso.

En una pataleta, una reacción saludable de los padres sería la de hacer de espejo de la emoción e indicarle una acción alternativa que le ayude a calmarse en ese momento. Por ejemplo: «Veo que estás muy enfadado (nervioso, rabioso, etc.). Ve a tu habitación, en diez minutos voy y si te has calmado hablamos». De esta manera, no solo no le contagiamos nuestros nervios, sino que le intentamos transmitir nuestra calma y le acompañamos en su gestión de la rabia sin censurarla.

Sacar la rabia terapéuticamente

Cuando la pataleta ya ha estallado, es importante que en lugar de sentirse totalmente descontrolado el niño aprenda a sacar su rabia de forma terapéutica. En este sentido los padres pueden indicarle que se sitúe delante de su cama o del sofá con un cojín encima y comience a propinarle puñetazos durante cinco minutos para desahogarse. Inicialmente, esta pauta ha de seguirse en presencia de los padres para supervisar y garantizar que lo haga y que por supuesto no se pueda hacer daño. Los padres pueden animarlo a dar esos golpes en el cojín y sacar la rabia.

Más adelante, cuando el niño ya lo haya hecho en varias ocasiones y haya comprobado que le va bien hacerlo porque se calma, ya se le puede decir que lo haga solo, que luego vendrá el padre o la madre y hablarán. Nuevamente se trata de gestionar esa ira, pero de una manera saludable. Darle voluntariamente golpes a un cojín que está encima de una cama es una forma de que, aunque nos parezca de entrada indeseable, el niño esté obedeciendo y gestionando sus impulsos. Al cabo de unos pocos minutos el resultado es que el niño está mucho más tranquilo.

La gran actuación

Hay que reconocerlo, hay niños que son grandes actores y utilizan sus artes interpretativas en situaciones como las pataletas. Ya hemos visto que una de las soluciones fracasadas por parte de los padres es decirle al hijo por pasiva y por activa que calle, que no llore, y esto está más que claro que no funciona. Pero, ¿qué pasa si hacemos todo lo contrario? Es decir, decirle al niño que le hemos observado y que esto de llorar fuerte lo hace muy bien, que potencialmente es un gran actor y que tal vez debería planteárselo como un futuro profesional. Todo ello sin ironía, muy seriamente.

Cuando las rabietas se han dado en muchas ocasiones, tal vez durante años, hay un punto de sobreactuación que podemos aprovechar a favor del niño para que aprenda a modular su frustración. Si al niño le decimos que en lugar de dejar de hacer eso lo que ha de hacer es hacerlo mejor, y que en lugar de molestarnos y censurarlo en verdad nos causa admiración y queremos más, desde luego el niño inicialmente va a quedar sorprendido. Y los padres, viendo las dotes de actor de su hijo, también dispondrán de un contexto en el que les será más fácil mantener la calma. Además, le darán permiso para hacerlo y si están en casa ambos padres pueden incluso sentarse cómodamente a ver «el espectáculo» e ir comentando en voz alta la actuación, con expresiones del tipo: «Fíjate cuando chilla ese gesto que hace con la mano, qué bien conseguido».

De manera que alejémonos de la dinámica de censurar y prohibir los llantos y, por el contrario, démosle una connotación positiva, pues por un lado llorar no es malo y por otro es una actuación. Y si lo es, le estamos diciendo desde la complicidad que él maneja la situación y que puede subir y bajar el tono o parar cuando lo decida.

PAUTAS PARA DESPUÉS DE LA RABIETA

Evitar quedarse enfadado con el hijo

Los niños son expertos en vivir el presente. Para ellos la pataleta ya ha pasado. Incluso puede que ya ni la recuerden en ese momento, por lo que el enfado les podría desconcertar. Es fácil que la tensión de la situación produzca un enfado con el hijo que, si se alarga en el tiempo, él no entenderá: «Por qué ahora mis padres se muestran distantes y fruncen el ceño si me estoy portando bien?».

Un gran aprendizaje para los hijos (y para los padres) es saber pasar página y, consecuentemente, resolver bien estas situaciones. Una vez finalizada la pataleta, tiene que haber aprendizaje. El niño debe haber aprendido que así no conseguirá nada y que puede gestionar mejor sus impulsos, su ira, su frustración. De modo que continuar enfadados con él sería contradictorio, ya que confirmaríamos que ha sido algo que nos ha afectado.

Como padres mantener la calma antes, durante y después de la tempestad es muy importante, y enseñarle diversas fórmulas para gestionar sus emociones (siendo coherentes nosotros con las nuestras) es fundamental.

Evitar tener miedo a la próxima pataleta

Las pataletas no desaparecen de un día para otro. Si lo hacemos bien y ayudamos al niño con su frustración, el fuego de estas explosiones se irá extinguiendo. Seguramente habrá más, pero siguiendo estas pautas cada vez se reducirán en cantidad, duración e intensidad. Hay que mantener esta línea de actuación durante un tiempo, que puede oscilar entre unas semanas o unos meses, pero finalmente las rabietas cesarán.

5

El estrés de llegar puntual

«¡Venga, que llegamos tarde!»

> «Es difícil mostrarte confiable
> cuando la gente tiene que esperarte».
>
> WES FESLER

«¡No quiero ir al cole!» es la primera frase que pronuncia María, de 6 años, cada mañana cuando su madre la despierta. Cada año la adaptación le cuesta más. En la etapa preescolar se pasó el primer mes del curso llorando cada día. Desde que se despertaba hasta que llegaba al colegio.

Los padres tenían la esperanza de que este año, en el que ha empezado primaria, fuera diferente. Pero no se produjo ningún cambio. Hace un mes y medio que ha empezado el colegio y cada mañana parece un infierno. Explican que, como ya lo prevén, durante el verano la van mentalizando y le hablan sobre el próximo curso para motivarla. Pero no les sirve. Cada día se repite la misma situación.

Mientras, la madre despierta a Martina, de 5 años, que abre los ojos y la abraza; no llora, pero su ritmo matutino es extremadamente lento. Martina, después de su reconfortante abrazo, se sienta en la cama e intenta abrir los ojos.

La madre va a la cocina a preparar el desayuno. Van pasando los minutos y se pone nerviosa. Martina ni se ha quitado el pijama. Le dice que se vista, pero, como mucho, se mueve para ir al baño y volver a sentarse pasivamente. Al poco rato va a ver cómo va María y la anima amorosa y con paciencia: «Va, no llores, te lo pasarás bien», «Vístete que se hace tarde», «Por favor, María, deja de llorar, vístete y ven a desayunar». Mientras hace los bocadillos para el almuerzo, intenta dar órdenes desde la distancia a sus hijas, pero una sigue sollozando y a la otra ni se la oye.

La madre se asoma por la habitación de Martina y comprueba que, como mucho, se ha quitado el pijama y está delante del armario mirando qué ropa ponerse. La madre se enfada. «Es muy tarde», «Te ayudo, que, si no, no acabaremos nunca».

Cuando Martina ve los pantalones que su madre le quiere poner, se queja: «¡No! Esos no, que me aprietan». La madre se desespera: «¡Ahora a discutir por la ropa, este suplicio no se acaba nunca!», «Venga, Martina, te pongo estos que te gustan», «María, deja de llorar y espabila que es tarde». María, renegando, va a desayunar y Martina, vestida por su madre, también se sienta en la mesa, pero apoya la cabeza en la mano y empieza a desayunar, como dice su madre, «a cámara lenta».

Es la hora de salir por la puerta y las niñas todavía no se han lavado los dientes ni se han peinado. «¡Venga, va, que llegamos tarde!», es la frase que la madre repite hasta que las deja en la puerta del colegio, efectivamente, unos minutos tarde.

Pasan los días y las semanas y, como dicen los padres, «el día de la marmota» se repite. Los padres piden ayuda no solo porque no consiguen llegar puntuales al colegio, sino por el estrés que se genera cada mañana en su casa, y por la negativa de María a ir a la escuela.

OBJETIVOS

- Llegar puntual al colegio.
- Conseguir que los hijos vayan a la escuela sin llorar.
- Conseguir que los hijos se vistan solos y sean más autónomos.

Esta escena es, tristemente, demasiado cotidiana en las familias con hijos en edad escolar. A los padres que vienen a mi consulta les digo que deberíamos inventar una máquina que acumulara la energía que se genera cada mañana, entre las ocho y las nueve, en las casas con niños que han de ir al colegio cada vez que alguien dice: «Venga, va» o «Va, que llegamos tarde».

El problema no es que se desperdicie esa energía. El problema es que debería ser más fácil, sin necesidad de invertir semejante esfuerzo y generar tanto estrés. Porque tanto para los padres como para los hijos es una forma agobiante y negativa de empezar el día. Y no solo eso, sino que no es eficaz porque no logra el objetivo de ser puntual.

En el caso que nos ocupa, si nos quedamos solo con el mensaje de María podríamos interpretar que el problema es que no quiere ir al colegio, cuando en realidad lo que no quiere es alejarse de los papás y estar tantas horas sin ellos.

Si además tenemos en cuenta que Martina, con 5 años, ya debería vestirse sola y no lo hace, no cabe duda de que se trata de otro problema añadido, que suma estrés a esta familia y no facilita que la pequeña desarrolle su autonomía y su autoestima.

No se trata pues, de llegar puntual al colegio a toda costa. Si eso tiene como consecuencia que otros objetivos como el bienestar familiar o la autonomía de los hijos no se alcanzan, entonces estaremos cayendo en la trampa, porque por llegar puntuales sacrificaremos dos pilares fundamentales en la educación de los hijos.

Por consiguiente, centrémonos en el objetivo de la puntualidad, sí, pero como siempre sin perder de vista los otros: que María no necesite mostrar su desacuerdo llorando por tener que ir al colegio, que Martina sea más autónoma y se vista sola, y todo ello en un ambiente tranquilo y sin estrés.

De hecho, en este caso, con cada niña tendríamos un objetivo diferente, pero los tratamos en el mismo apartado del «estrés de ir al colegio» porque pueden darse los dos problemas juntos en un mismo hijo.

CÓMO SE CREA EL PROBLEMA

LLORAR POR IR AL COLE

«¡No quiero ir al cole!». Esta es una frase que muchos niños dicen especialmente en ese momento del año en que empieza un nuevo curso, después de tres meses de vacaciones. El caso es que un nuevo curso implica una dificultad, no solo por la vuelta a la rutina, sino porque a veces supone maestros nuevos, cambio de compañeros, aumento de la exigencia académica o incluso un cambio de escuela. No olvidemos que ir al colegio implica no estar con papá ni mamá durante muchas horas. Esto es algo que en estas edades es un motivo suficiente para no querer ir.

Superar esta dificultad es diferente para un niño que comience a ir a la guardería, el que se inicie en el parvulario o el que comience la primaria. Pero aquí no acaba la dificultad, cada nuevo curso exige un periodo de adaptación, incluido el paso a la ESO.

Los padres, previendo la dificultad de la adaptación escolar, explican a sus hijos (de 2 o 3 años) que en el cole lo van a pasar muy bien, que no se preocupen, que tendrán muchos amigos y será divertido. Insisten una y otra vez en que todo irá bien. Los niños, por pequeños que sean, detectan la ansiedad de los padres y ven la contradicción entre la actitud y las palabras. «¿Si me lo voy a pasar bien y voy a tener amigos, por qué tendría que preocuparme?». Por lo que en muchas ocasiones el temor comienza, incluso, antes de que llegue el primer día.

El famoso primer día, ese en el que la familia ha preparado con tiempo el material, ha desayunado y va en bloque a la puerta de la escuela o guardería temiendo lo peor. Y llega el momento de la despedida, abrazos, besos y más besos. Algún niño ya está llorando y la tensión del ambiente se contagia. Los padres que no quieren ver llorar a sus hijos, los pequeños que les da miedo entrar... y comienza el drama. Angustia, lloros...

En algunos casos el primer día es más ligero, los niños entran sin saber muy bien qué va a pasar y el «mal rato» pasa rápido. El peor día es el segundo, los pequeños ya saben qué es lo que hay y dicen: «¡No quiero ir a al cole!». Los padres, angustiados, siguen con su campaña de apología del cole y sus maravillas, sin valorar que no funciona, porque los hijos se sienten engañados y piensan: «¿No decías que iba a ser tan divertido? Ahora entiendo por qué decías que no me preocupara: os echo mucho de menos. No quiero estar tanto tiempo sin vosotros».

Y, al igual que en otro tipo de problemáticas cotidianas en la familia, los padres no valoran si lo que están haciendo con tan buena voluntad, y considerando que es una buena idea, tiene el efecto que buscan. Habitualmente, si el resultado no es el esperado el problema se cronifica. En tal caso, el periodo de adaptación que los niños han de pasar al inicio del curso se puede complicar extraordinariamente, cuando los hijos empiezan a desconfiar de las palabras de sus padres y no se sienten comprendidos cuando les dicen: «No llores, será divertido, ya verás».

Un niño que llora y recibe la orden de no llorar, en general, llora más. Y no me extraña: «¡Encima que estoy mal, no me entiendes!». Así que llora con más intensidad y posiblemente más tiempo, para demostrar que tiene motivos.

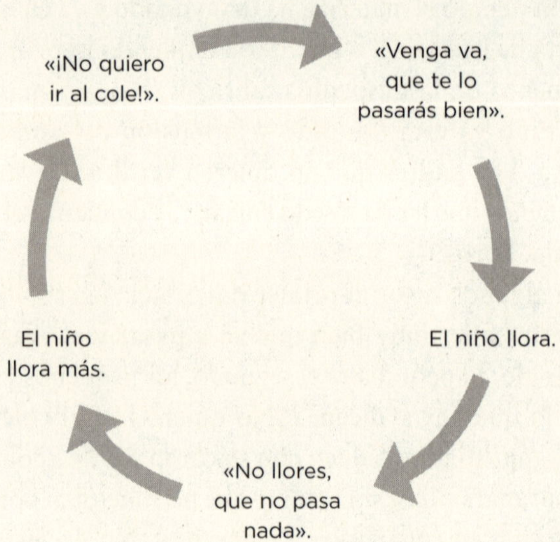

Las lágrimas ayudan a María a expresar su miedo y su ansiedad por alejarse de los padres durante las horas de escuela. Como no consigue que la entiendan, y todavía menos estar con los padres, sigue haciéndolo. Es la única forma en la que manifiesta su malestar. Pero la única respuesta que obtiene es que no debe llorar, lo cual la frustra más y le provoca más malestar y llanto.

VESTIRSE SOLO

«Te ayudo o no acabaremos nunca» es la otra frase que se repite en muchos hogares con pequeños en edad escolar. Ante la dificultad de muchos niños para despertarse y ponerse en acción en un minuto, los padres esperan ingenuamente que sus hijos reaccionen con rapidez. Hay que valorar que, en general, si les dejásemos despertar de forma natural con la luz solar y poco a poco, probablemente el estrés disminuiría de forma automática. Pero no ocurre así, al contrario, les hacemos vestirse en cinco minutos y seguir con tareas que no les motivan nada (lavarse los dientes, peinarse, etc.) antes de entrar en la escuela. Si lo pensamos bien, acaso tendríamos que reconocer que los sometemos a un estrés importante nada más despertarles. Todo ello forma parte de la vorágine que vivimos a diario.

Sumémosle que hay un horario que cumplir, hay que ser puntual en la entrada al cole y los padres posiblemente también tienen que empezar a trabajar a una hora concreta. Por lo tanto, desde que los niños son despertados una de las frases que más oyen es: «Venga, va, que llegamos tarde».

Si además son pequeños tienen poca habilidad para hacer algunas tareas autónomamente, como vestirse solos. Por lo que tardan más. En algunos casos, los padres siguen vistiendo a sus hijos de 6 años, o más, cada mañana para poder ir más rápidos. Esto no ayuda al niño en la adquisición de experiencia. Así van pasando los meses y los años, de manera que algo como vestirse solo cada mañana, que ya debería ser algo habitual, se convierte en una excepción. Sencillamente, los padres les ayudan siempre para acabar antes. Es la ayuda que no ayuda.

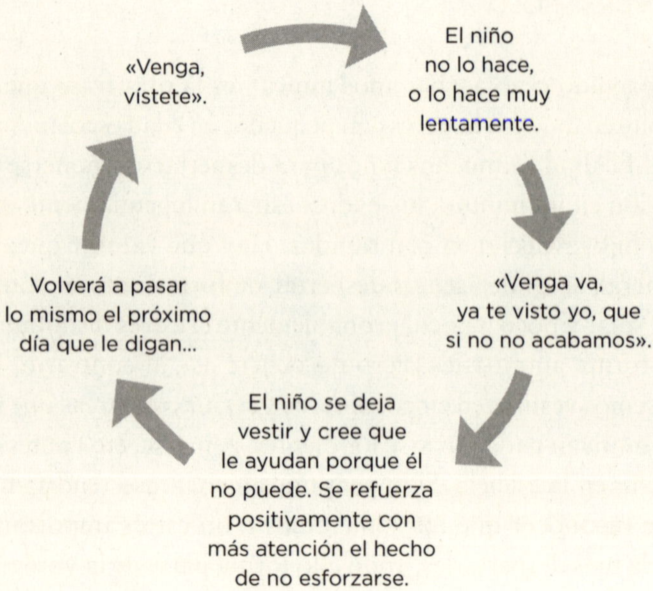

CÓMO SE RESUELVE

PAUTAS PARA DEJAR DE LLORAR POR IR AL COLE

Por favor, mamás y papás, tened paciencia, vuestro hijo superará esta adaptación, es una cuestión de diez o quince días, necesita ese tiempo para comprobar que estar lejos de los padres durante muchas horas no solo es soportable, sino que tiene cosas buenas. Es una adaptación para él y para vosotros. Pero vosotros sois los adultos y tenéis que ayudarle a él. No él a vosotros sin llorar.

- Explicadle previamente al niño, de forma breve y concisa, lo que pasará. Pensad que él no tiene idea de horarios ni sabe gestionar el tiempo. No le aporta nada que le digáis que estará cinco horas en el cole y que luego iréis a recogerle. Sus referencias son otras, por ejemplo, le podéis decir que le recogeréis antes de comer o de merendar.
- Si es posible, unos días antes id con él a la escuela o guardería, que vea el centro educativo y empiece a familiarizarse con él.
- Id a comprar y preparad con el niño el material escolar, de esa manera se familiarizará con algunas de las muchas novedades que tendrá.
- Los días previos no le intentéis convencer de que se lo pasará estupendamente, decidle cuántos compañeros tendrá, si conoce a alguno, cómo se llama su maestro/a, qué actividades hará, qué comerá, etc. Datos objetivos.

Estas son las pautas que los padres pueden seguir para facilitar la adaptación de su hijo en los primeros cursos escolares. Con ellas, en general, es suficiente. Después de una o dos semanas lo consiguen, y los niños no solo no lloran, sino que, superando esa dificultad, ¡crecen! Pero hemos de tener en cuenta aquellas otras cosas que los padres hacen y que no funcionan para poder conseguir el objetivo real, es decir, que María pueda alejarse sin angustiarse y finalmente no llore cada mañana. En este sentido los padres habitualmente hacen lo siguiente:

- Intentan convencerles de lo bien que se lo pasarán en el colegio.
- Piden infinidad de veces a sus hijos que no lloren, que no pasa nada.

Como hemos visto, estos intentos de solución fracasan. Por lo que os propongo cambiar estas dinámicas y adoptar las siguientes estrategias.

Dejar de intentar convencerle de que se lo pasará bien en el colegio

Ese no es el problema. El problema es que os echa de menos. Hablad con él sobre ello. Cómo os echa de menos, qué le pasa si no está a vuestro lado. También es interesante ver si hay excepciones, momentos en los que no está con vosotros, pero está bien. Por ejemplo, si está con familiares como abuelos, tíos, primos, etc. Preguntadle cómo se explica que en esas situaciones no os eche tanto de menos. Las respuestas suelen ser muy interesantes, y nos dan pistas de qué le pasa y qué podría hacer él para facilitar que eso mismo pase en contextos como el escolar.

Para los niños más pequeños alejarse de los papás es algo que en general cuesta, les da miedo. Los padres son su estructura emocional básica y les da seguridad saber que están cerca. Así pues, insistimos en que es normal y saludable que necesiten un tiempo para comprobar que en determinados contextos pueden estar sin los padres cerca. Si esta dificultad no se supera como mucho en un periodo de dos semanas, sería recomendable ayudar al niño a gestionar su miedo tal y como intentamos explicar en el capítulo 9, dedicado a los miedos infantiles.

Dejar de decirle que no llore

Abogo por erradicar esa expresión en general. No permitir que alguien llore es cerrar una magnífica y natural manera de exteriorizar emociones, que si se quedan dentro tendrán un efecto negativo en la persona. En la infancia es la manera natural en la que pueden expresar su frustración, miedo o ansiedad. Ver llorar a un hijo no es agradable. Cierto. Pero hemos de aprender a sostener sus lágrimas si queremos ayudarle realmente a gestionar sus emociones. Llorar es necesario. No es un problema en sí mismo. Si el niño ve que no entienden por qué llora, normalmente llora más. Es lo que los niños hacen desde que nacen.

El problema no es llorar, lo es que no interpretemos bien sus lágrimas y no reaccionemos bien ante ellas. Dejar de censurar sus lágrimas ya es un cambio terapéutico con efectos emocionales inmediatos.

«Llora que te irá bien»

En una situación como esta en la que es previsible que de buena mañana empiece a llorar, la reacción de los padres ha de ser empática y estratégica. Empática en el sentido de entender y aceptar que llore. Dejadle que llore, no pasa nada por llorar. Hay que aprender a sostener esto de ver a un ser querido que sufre. Estratégica en el sentido de que, si sabemos que va a llorar, hay que avanzarse y pedirle, nada más despertarse, que llore. «Hasta ahora te decíamos que no llorases, pero nos hemos dado cuenta de que necesitas llorar porque no quieres ir al cole y estar tanto tiempo sin nosotros, pero hoy toca ir, así que ya puedes empezar a llorar y desahogarte, que te irá muy bien, ya verás». Esta orden estratégica suele tener un efecto paradójico, ya que cuando nos ordenan llorar o reír, es difícil conseguirlo. Con esta estrategia, recordémoslo, pueden suceder dos cosas:

- Si el niño ve que los padres entienden su malestar, se sentirá reconfortado y entendido. Sabe que puede llorar, pero lo más probable es que no necesite hacerlo.
- Si el niño finalmente llorase, lo haría sabiendo que los papás le entienden y que saben que llorar es normal e incluso bueno, y que él lo necesita.

Sea cual sea su reacción, nuestra experiencia es que si tiene permiso para llorar necesitará hacerlo menos. Antes terminará su adaptación.

PAUTAS PARA VESTIRSE SOLO

Un niño con 2 años debería desvestirse solo, con 3 vestirse con ayuda y a los 4 hacerlo de forma autónoma. Tristemente estas recomendaciones pedagógicas son hoy en día una excepción. Lo habitual es que los padres ayuden a sus hijos en esta tarea durante demasiados años.

Un factor que lo facilita es que hoy en día se tiene por lo general uno o dos hijos. En generaciones anteriores, donde las familias eran más numerosas, el hermano de 5 años después de vestirse solo ayudaba al de 2 a hacerlo, mientras el de 8 preparaba el desayuno y el de 10 hacía los bocadillos. Hoy esto es prácticamente impensable. No porque los niños sean menos capaces, sino porque los sobreprotegemos demasiado y perdemos de vista el importantísimo objetivo de su autonomía y lo cambiamos por otros, como llegar a la hora al colegio. Pero ambos objetivos son compatibles. Veamos cómo.

Qué duda cabe que la puntualidad es un valor que hay que enseñar a los hijos. Para ello hay que ser coherentes y, al igual que los otros valores, hay que enseñarlo con el ejemplo propio.

Por otro lado, hay que enseñarles a gestionar el tiempo, ya que en la infancia el concepto del paso del tiempo es muy diferente al de un adulto. Para un niño un día es muy largo y una semana una eternidad. Además, cinco minutos pueden ser un suspiro o hacerse eternos en función de lo que se esté realizando. Cuanto más pequeños son mayor dificultad encuentran para gestionarlo porque no tienen una noción clara de cómo se estructura y mucho menos de cómo organizarse.

Para llegar a tiempo al colegio lo primero que hay que valorar es que si son muchos días los que se llega tarde, probablemente sea necesario más tiempo para hacer todas las acciones cotidianas de la mañana antes de salir de casa.

Levantarse antes

Sí, levantarse quince minutos antes es en muchos casos imprescindible para conseguir este objetivo. De hecho, sería aconsejable que todos los adultos se levantasen quince minutos antes cada día para bajar el nivel de ansiedad matutino por llegar a la hora al trabajo, independientemente de si tienen hijos a su cargo o no. Muchas personas no lo hacen porque prefieren dormir más, porque es saludable y nuestro cuerpo necesita descansar. Pero no tienen en cuenta que el estrés matutino al que se someten es muy tóxico y no se compensa por dormir unos pocos minutos más.

Preparar la ropa por la noche

Una situación clásica es la de Martina cuando ve los pantalones que su madre le quiere poner y se niega porque esos son los que le aprietan. En ese momento, la madre o bien impone su criterio o bien abre una negociación interminable para decidir qué ropa se pone su hija. Cuando hay prisa esto se convierte en un motivo de estrés que hay que evitar. Además de causar una escena de tensión, Martina no se viste sola. Por lo tanto, preparemos la ropa la noche anterior y evitemos perder ese tiempo por la mañana.

Aprender a escoger con alternativas razonables

Los niños no suelen tener criterios muy razonables, y es fácil que, en pleno invierno, quieran ponerse unos pantalones cortos que les gustan mucho. Eso puede provocar una discusión absurda. Es importante que vayan adquiriendo esos criterios y aprendan a escoger en su vida. Son aprendizajes que podemos enseñarles. Una técnica es que cada noche, cuando se prepare la ropa que se pondrá al día siguiente, le ayudemos dándole a escoger entre dos alternativas razonables. Por ejemplo: «¿Qué pantalón quieres ponerte mañana? ¿Este tejano o este de pana?». Es decir, se le da a escoger entre dos opciones, no más, y se le puede explicar que son largos porque mañana hará frío. El niño elige una opción. Después, en función de la elección se le ofrecen dos opciones razonables de jerséis (que abrigue, que combinen los colores o el criterio que se considere adecuado). El niño escoge, o sea, tenemos en cuenta sus gustos y le enseñamos a tomar decisiones.

Ir en pijama al cole

Esta técnica consiste en que si un día, a pesar de todas las tácticas probadas, el niño no está vestido a la hora que tiene que estarlo, le diremos que no importa, que irá tal cual está al colegio, y si eso significa que va en pijama, pues va. No nos alarmemos. Para muchos padres llevar a sus hijos a la escuela en pijama puede resultar impensable, porque sería como dejarse a sí mismos en evidencia. Algo similar a la situación de una pataleta en el supermercado. Algunos padres pueden pensar que eso evidenciaría su fracaso como padres. Desde mi punto de vista, nada más lejos de la realidad.

Un progenitor que es capaz de observar sin intervenir una pataleta en público de su hijo, o de llevarlo en pijama al colegio, está demostrando saber muy bien cuál es su objetivo como padre en ese momento, es decir, ayudar a su hijo en la gestión de la frustración y en su autonomía para vestirse solo, respectivamente. Ni se aleja de sus objetivos ni los cambia por otros. Hay que reconocer, en este sentido, que la presión social es muy grande y hace falta tenerlo claro para no sucumbir a ella. Desde aquí animo a los padres a decirle al hijo que no pasa nada, que irá en pijama, porque entonces el niño posiblemente espabile y es muy probable que llegue a clase perfectamente vestido. Eso sí, hay que cumplirlo, y si hace falta, que salga de casa en pijama con la ropa de calle en una bolsa. Tal vez se la acabe poniendo en el portal de casa en un tiempo récord. El caso es que al día siguiente hay muchas posibilidades de que se vista solo sin problemas.

Aprender a gestionar el tiempo

Como hemos visto, los niños no están pendientes del tiempo como los adultos, de modo que no lo gestionan bien. Hemos de enseñarles. Para ello propongo realizar una pequeña manualidad con los hijos y hacer un reloj con una cartulina. Es decir, hay que recortar un círculo del tamaño de un plato, pintar los números y poner en el centro con una chincheta unas agujas móviles de la hora y los minutos. A continuación, hay que dibujar unos símbolos de las diferentes tareas en el espacio correspondiente. Por ejemplo, si de 8.00 h a 8.15 h ha de vestirse, dibujará y pintará entre el 12 y el 3 una camiseta, unos pantalones, unos calcetines, etc. Si de 8.15 h a 8.30 h ha de desayunar, dibujará su desayuno habitual, entre el 3 y el 6. Si de 8.30 h a 8.45 h se asea, dibujará un cepillo de dientes y un peine entre el 6 y el 9. Si a las 8.50 h hay que salir de casa, dibujará un abrigo y una puerta al lado del 10. Hacer esta manualidad con los padres les suele gustar, y les parece un juego cuando por la mañana tienen que ir mirando el reloj para ver qué toca hacer y cuánto tiempo les queda. Esto requiere un cambio en la rutina, porque los padres deberán ir moviendo las agujas de cartón. Para ello va muy bien que, paralelamente, se ponga en marcha una alarma que suene en el siguiente cambio de tarea. En este sentido soy fan de utilizar los típicos relojes-alarma de cocina que se giran para «darles cuerda» y suelen tener forma de gallina, huevo, etc. Son muy prácticos porque se manejan muy fácilmente.

Otra opción 2.0 es programar varias alarmas en un móvil. En todo caso, funciona. Los padres dejan de decir «Venga, va» y solo marcan el tiempo, un tiempo que por lo general el niño va captando que pasa muy rápido.

Refuerzo positivo, sin exceso

Como ya es sabido el refuerzo positivo es muy pedagógico. La dificultad reside en saber utilizarlo en su justa medida. Hoy en día se usa en exceso, por lo que deja de tener el efecto deseable. Si un niño recibe constantemente felicitaciones estas dejan de ser un refuerzo para él, y hasta podría llegar a esforzarse menos al comprobar que aunque no lleva a cabo una tarea correctamente el resultado es el mismo y se le alaba de todos modos. Por tanto, hay que estar atentos al esfuerzo de un niño y decírselo: «Muy bien, cómo te esfuerzas, así lo conseguirás». Y evitar un «Muy bien» cuando no esté realmente muy bien, pues lo dará por bueno y a la siguiente ocasión no se esforzará tanto.

Cuando después de utilizar estas técnicas y estrategias el niño no solo llega a la hora al colegio, sino que es más autónomo en sus tareas, una felicitación de los padres es el mejor refuerzo que puede tener.

6

Los deberes y los exámenes

«Vamos a hacer los deberes»

«La inteligencia no es no cometer errores,
sino descubrir el modo de sacarles provecho».
BERTOLT BRECHT

Lola, como cada tarde después de su jornada laboral, llega a casa y encuentra a su hija Mar, de 8 años, jugando en la habitación. Se agacha para darle un abrazo enorme y preguntarle cómo le ha ido el colegio y si hay deberes, a lo que la niña responde: «¡Claro que hay y te estoy esperando para hacerlos!».

Lola es madre soltera, vive con su hija, su hermana y su madre que padece Alzhéimer. Hace jornada reducida y cada día, antes de preparar la cena, «tiene que hacer los deberes».

Cada tarde es la misma historia, Lola está harta, sabe que su hija debería hacer los deberes sola pero no hay manera, y los acaban haciendo juntas. Cansada del trabajo se arma de paciencia porque sabe que es importante que la niña lleve los deberes hechos. Al principio creía que con el tiempo cambiaría la situación, pero ha sido al revés. Incluso, en muchas ocasiones, como le explica las cosas de forma diferente a como lo hace su profesora, la niña no la entiende, se frustra, se enfada y acaban discutiendo, se hace tarde, la cena sin hacer, los deberes sin terminar, la niña sin duchar y todos enfadados, tensos, estresados. Un desastre.

Este es un caso típico en el que la ayuda de los padres en realidad no ayuda, pues crea dependencia e incapacidad, en lugar de autonomía.

OBJETIVO

- Conseguir que los hijos hagan los deberes sin ayuda.

Hacer los deberes implica, para un niño, cumplir con una de sus obligaciones principales. Esto significa crecer, potenciar su autonomía y su autoestima. Una de las principales misiones que tenemos los padres es que los hijos se responsabilicen de sus obligaciones, en este caso de las tareas y estudios escolares.

CÓMO SE CREA EL PROBLEMA

Con la escolarización los niños han de afrontar una serie de dificultades que les harán crecer: adaptarse a un nuevo entorno, horarios, actividades, profesores, compañeros, asignaturas, normas, etc. Los deberes son otro ejemplo. No todas las escuelas ni todos los maestros tienen el mismo criterio respecto a la cantidad de tareas escolares para hacer en casa. El caso es que, en general, a partir del primer curso de primaria suelen empezar a tener los famosos «deberes». Habitualmente se dan de manera progresiva. Al principio algo para escribir, para leer o unas sumas.

Los padres, desde el momento en que los hijos tienen sus primeras tareas para casa, comienzan a transmitir los mensajes de «tienes que hacer los deberes». Así, después de merendar o de las actividades extraescolares, se sientan con sus hijos y les ayudan a hacerlos. Los pequeños preferirían jugar; los padres por lo general lo entienden, pero como «hay que hacerlos», piensan que con su ayuda será más fácil y rápido. Se sientan al lado de su hijo y no se levantan hasta que no ha terminado. Así puede pasar el primer curso, el segundo, el tercero y hasta llegar al instituto.

Las consecuencias son diversas. El niño se acostumbra y da por supuesto que hacer los deberes significa que uno de los padres lo ayudará, porque ha sido así desde el primer día; en algunos casos este es uno de los pocos momentos en que los padres los atienden de forma tan exclusiva y exhaustiva, por lo que el niño le encuentra un beneficio secundario a su actitud negativa ante los deberes.

Cuando un hijo pide ayuda los padres acuden, generalmente, movidos por un instinto de protección natural. Si a esto le sumamos la ansiedad ante los temas escolares y académicos de los hijos, tenemos los ingredientes perfectos para crear un problema donde inicialmente solo había una dificultad. Así se crea una rutina diaria de padres que preguntan qué deberes hay que hacer, qué hay que estudiar, y con esa información organizan las tareas de los hijos, se sientan a su lado armados de paciencia y comienzan a hacer los deberes ejercicio a ejercicio.

Son padres responsables, preocupados y que quieren lo mejor para sus hijos, desean que les vaya bien, que sean buenos estudiantes y aprueben. Están en grupos de WhatsApp de padres del curso de su hijo y preguntan cada día por las tareas pendientes. Tomando así la responsabilidad de sus hijos. Se esfuerzan mucho para que a sus hijos les vaya bien académicamente. Dedican horas y horas, junto a grandes dosis de paciencia, para que lleven los deberes hechos y estudien si tienen un examen al día siguiente. Les hacen resúmenes de las lecciones y les preguntan para comprobar que las saben.

El caso es que pasan los meses, o los años, y muchos padres no valoran que no han cumplido el objetivo inicial de que se responsabilicen y hagan los deberes solos, en realidad se ha transformado en este otro: llevar los deberes hechos.

La consecuencia más grave es que el niño obtiene así dos mensajes: «Te ayudo porque es muy importante hacer los deberes» y «Te ayudo porque tú solo no podrías». Obviamente es un mensaje nefasto y con graves consecuencias para la autoestima. El niño crece pensando: «Menos mal que mi mamá/papá me ayudó a hacer los deberes porque yo solo no sé si hubiera podido». La dinámica del caso expuesto es la siguiente:

- La madre empezó ayudando a su hija a hacer los deberes, pensando que más adelante ella sabría hacerlo y ya no haría falta.
- La niña, encantada de tener allí a su mamá, no quiere renunciar a ella y además no tendrá la necesidad de esforzarse.
- La madre continúa con la ayuda. La lógica es aplastante, la niña necesita ayuda y la pide.
- La niña sabe que debería hacer sus tareas sola, pero siempre la han ayudado, por lo que sobreentiende que ella sola no puede, no se siente capaz. Es un ejemplo claro de ayuda que invalida.

- La madre, al ver que la situación no mejora, intenta que haga sola las tareas, pero el resultado es que la niña exige la ayuda porque sabe que si insiste acabarán ayudándola.
- La madre sigue haciendo más de lo mismo, cronificando y empeorando el problema.

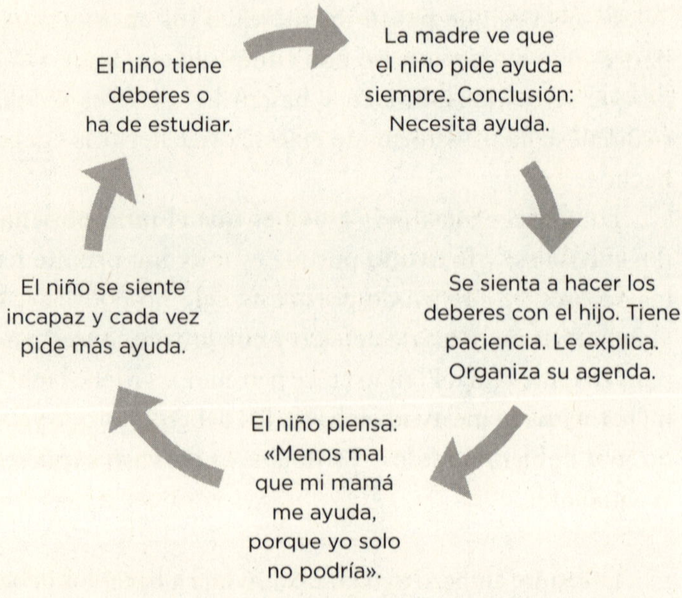

Ante este problema los padres intentan convencer al niño de que haga solo las tareas; le argumentan que es su responsabilidad, que ya es mayor, que él puede, que los padres tienen otras cosas que hacer, etc., y como las argumentaciones no sirven le castigan por su actitud o le prometen premios si lo consigue, aunque por lo general tampoco funciona.

Los padres deberían plantearse: ¿qué ocurriría si su hijo sufriera las consecuencias de su irresponsabilidad? ¿Qué pasaría si el profesor le llamase la atención o un día se quedase sin recreo? Es una experiencia que los padres no han vivido, porque ni se lo han planteado. A veces, esas consecuencias hacen reaccionar al niño.

Muchas veces los padres dicen cosas como: «Mañana tenemos examen de mates» o «Este fin de semana tenemos muchos deberes», es decir, en su manera de hablar queda implícito que asumen las responsabilidades del hijo, dificultan así que el niño las incorpore como propias. El problema se cronifica y empeora ya que finalmente lo que hacen los padres es armarse de paciencia pensando que el niño algún día cambiará y eternizan la ayuda.

- Controlan la agenda, de manera que el niño no adquiere el hábito de mirarla.
- Gestionan y planifican las tareas y el estudio: «Tenemos examen el viernes, estudiamos hoy un poquito y mañana otro poquito».
- Le ayudan cada vez más, incluso al extremo de hacer por él algunas tareas, trabajos, buscarle información, manualidades, hacerle esquemas, resúmenes…

Como escribió Oscar Wilde, «con la mejor intención podemos conseguir el peor de los resultados». A medida que pasan los cursos, la exigencia de las tareas escolares es mayor y por tanto la falta de hábitos autónomos por parte de los niños se hace más grave, tanto en cuanto a su sensación de incapacidad como para la dinámica de ayuda, que se cronifica. En general, los padres valoran que una situación como esta se ha convertido en un problema cuando ya han pasado varios cursos, a veces incluso toda la primaria.

CÓMO SE RESUELVE

Si sabemos cómo funciona un problema ya tenemos la clave para resolverlo. En este caso, ha habido un exceso de ayuda que no solo ha alejado a la madre de su objetivo, sino que ha invalidado a la niña con su experiencia cotidiana de que no puede realizar ella sola sus tareas. Ha habido un cambio del objetivo inicial de que haga los deberes sola a que sencillamente los lleve hechos, perdiendo así la oportunidad de superar esa dificultad, crecer, responsabilizarse, sentirse segura y capaz.

Por un lado, para resolver el problema nos hemos de centrar en el objetivo sin desviarnos, y por otro tenemos que valorar aquello que se ha hecho hasta ese momento para solucionarlo y que no ha funcionado. Con el inicio de la etapa escolar los padres han de proponerse firmemente enseñar a sus hijos a:

- Hacer los deberes.
- Estudiar.
- Organizar su tiempo, su espacio, sus materiales…
- Hacer esquemas.
- Hacer resúmenes.

Enseñar a sus hijos a realizar todas estas tareas clave, no por ellos, ni con ellos. El aprendizaje ha de ser progresivo, hay que explicar a los hijos que se les ayudará una temporada (sin especificar el tiempo, porque dependerá de variables como: exigencia de la escuela, capacidades del niño, dificultades específicas) y les enseñarán a organizarse para que luego lo hagan ellos solos. ¡Y cumplirlo!

Establecer pautas de estudio para cada etapa

Para que los hijos tengan una progresiva autonomía respecto a los padres, habrá diferentes etapas hasta la completa autosuficiencia.

Primera etapa

Los padres están presentes y activos. Orientan sobre cómo organizar el espacio, el material, la agenda; enseñan técnicas como resúmenes, esquemas, etc. Y una enseñanza transcendental: gestionar el tiempo. Un recurso eficaz es utilizar un reloj de cocina de los que se giran y hacen una cuenta atrás con alarma final. En general, recomiendo este utensilio de cocina como un material imprescindible en los hogares con niños. Es fácil y rápido de usar, más que una alarma de despertador o del móvil, porque además tiene la ventaja de que hace un «tic-tac» que es una manera de tener presente el paso de los segundos y los minutos. Esto sirve para que tomen conciencia del tiempo que emplean en hacer las diferentes tareas y que, con la práctica, puedan calcular cuantos minutos necesitarán. Optimizan el tiempo y evitan así la sensación de perderlo, que tanta frustración genera.

Por lo tanto, cuando se pongan con sus tareas escolares han de hacerlo con ese reloj que les marcará el tiempo. La duración máxima haciendo deberes debería ser:

- 15 minutos en el ciclo inicial de primaria.
- 30 minutos en el ciclo medio.
- 45 minutos en el ciclo superior.

Los tiempos de descanso deberían ser:

- 5 minutos para el ciclo inicial.
- 10 minutos para el ciclo medio.
- 15 minutos para el ciclo superior.

En el primer ciclo esos 15 minutos dedicados a las tareas o a estudiar podrán ir aumentando hasta los 30, y en el ciclo medio hasta un máximo de 45 minutos. Es decir, tanto para hacer tareas como para estudiar para un examen, recomiendo aplicar estos tiempos de tareas y descanso para optimizar el rendimiento.

En el primer ciclo: 15 minutos de tareas + 5 de descanso; si en esos 15 minutos no se ha acabado la tarea, continuar otros 15 minutos. En el segundo ciclo: 30 minutos de tareas + 10 de descanso y seguir este patrón hasta finalizar los deberes. En el tercer ciclo: 45 minutos de tareas + 15 de descanso y volver a ponerse otros 45 minutos hasta concluir el estudio y/o los deberes.

Estos tiempos medidos con el reloj no solo ayudan en el aprendizaje de la gestión del tiempo, sino que tienen en cuenta cómo funciona nuestro cerebro, para no estresarlo y poder rendir más con menos esfuerzo.

Segunda etapa

Los padres están presentes, pero intervendrán menos, hasta dejar de ayudar y simplemente estar presentes. Se refuerza positivamente al niño al final de la tarea y se le felicita por haberlo hecho prácticamente sin ayuda.

Tercera etapa

Los padres cada vez tienen menos presencia, inicialmente se sientan cerca o al lado, pero al cabo de un rato se levantan con alguna excusa tipo: «Voy al lavabo», «Voy a tender la ropa», «Tengo que llamar por teléfono», de manera que cada vez es menor el tiempo que están presentes. ¡Más refuerzo positivo!

Cuarta etapa

Los padres le dicen al niño que vaya haciendo los deberes, que ellos van enseguida; ese tiempo se alarga, pasan cerca, pero ocupados con otras cosas, hasta que finalmente la autonomía es completa. El mejor refuerzo positivo será hacerle ver su propia satisfacción por la tarea hecha.

Pacto estratégico

En general, los padres se quejan de que a sus hijos les cuesta hacer los deberes: «Nunca tiene ganas», «No le va bien en ningún momento, su respuesta es que luego lo hará». Claro, es normal. Es que jugar o hacer otras cosas es más divertido. Esperar que los hijos tengan ganas de hacer los deberes es ser poco realista.

La buena noticia es que no hace falta tener ganas de hacer los deberes o de estudiar para poder hacerlo. Esto que puede resultar una obviedad debería ser un concepto a no perder de vista ya que los padres han de crear un espacio, un tiempo y un contexto en el que sus hijos lleven a cabo sus obligaciones. Punto. Sin ganas. No hacen falta. Solo es necesario que se pongan y lo hagan.

Para ello hay que organizar un horario adecuado a la edad y a la exigencia escolar. Además de aplicar las pautas explicadas en el apartado anterior para que el niño llegue a estudiar autónomamente, los padres han de reestructurar lo que hasta la fecha podía haber sido una excusa por parte del niño, «No tengo ganas, lo hago luego», y explicitar que a partir de ese momento se cumplirá un horario y que no hacen falta las ganas. Las ganas, si existen, son bienvenidas, pero no son imprescindibles.

Es decir, los padres no pueden marcarse como objetivo realista que el niño quiera estudiar, porque eso no depende de ellos. Lo único que pueden proponerse es confeccionar un contexto favorable para que lo haga.

En general, la dinámica habitual es la del policía (padres) que persigue al ladrón (hijo), que se especializa en no ser visto cuando está jugando mientras se supone que debería estar estudiando.

Se trata de cambiar la orden «¡Estudia!» por el siguiente pacto estratégico: «Nos hemos dado cuenta de que no podemos estudiar por ti, por lo que a partir de ahora solo te vamos a pedir que cada día te pongas en el escritorio con tus libros y tu material escolar durante 45 minutos que marcará un despertador, sin móvil, sin ordenador, sin consola, sin revistas, sin música (es decir, sin distracciones). En esos 45 minutos puedes estudiar o no, hacer los deberes o no, tú mismo, esa es tu responsabilidad. Puedes no hacer nada, como si quieres mirar el techo y no abrir ni libro, puedes esperar estar delante de tus libros y libretas sin abrirlos hasta que suene el despertador a los 45 minutos. Solo te vamos a pedir que cumplas tu tiempo de estudio y deberes, puedes o no aprovecharlo, esa ya es tu responsabilidad, luego podrás jugar a la Play, con el ordenador, etc.».

Los hijos suelen aceptar encantados. Después de haber sufrido la persecución de sus padres durante mucho tiempo y la orden insistente de estudiar, la posibilidad de no hacer nada y luego tener permiso para jugar les parece genial.

¿Qué es lo que pasa cuando lo ponen en práctica? Pues que el niño se dispone a no hacer nada durante sus 45 minutos, esperando a que suene el despertador y salir corriendo a jugar, y al cabo de un tiempo se da cuenta de que es una eternidad. Para un niño que no está haciendo nada 45 minutos son casi una tortura. Pero el pacto les gusta, nadie les obliga a hacer deberes ni a estudiar, no se pueden creer que sus padres se lo permitan, así que se sientan frente a los libros y, si los padres lo hacen bien, se encontrarán en una situación nueva: tienen deberes, tienen que estudiar, están delante del material escolar y sus padres no dicen nada. ¡Qué tranquilidad!

Los niños empiezan a mirar el reloj, al cabo de 15 minutos suspiran calculando que aún queda media hora. Los minutos parecen no pasar, así que deciden entretenerse abriendo un libro y mirando las ilustraciones, al menos pasa más rápido el tiempo. Al final llegan a la conclusión de que, ya que han de estar allí antes de jugar, es mejor hacer algo de los deberes, o empiezan a leer el libro cuyas ilustraciones les han llamado la atención. Ese es el comienzo de una nueva dinámica en la que ellos «deciden» estudiar, aunque nadie les ha obligado.

Dejar de hacer lo que no funciona

Pensemos: ¿qué le dicen habitualmente los padres a los hijos cuando han suspendido? (Aplicable también a otras situaciones en las que los padres se enfadan con los hijos.)

Obviamente, ninguno de estos mensajes que expongo a continuación debería darse. No solo no conseguirán el supuesto objetivo de que el hijo apruebe, sino que tendrán un efecto negativo en el desarrollo de la personalidad y en la autoestima del niño, y además podrían empeorar el vínculo afectivo. Hay que evitar:

Reproches

«Ya te lo dije», «Es que no estudias», «No te has esforzado», «Claro, siempre lo dejas todo para el último día y así te va». Ninguna de esas frases conseguirá que el hijo reaccione, reconozca su comportamiento y lo cambie. Será justo al revés. Conectará con la rabia que genera que alguien te diga que has cometido un error por no haberle hecho caso. El niño en ese primer suspenso ya estará frustrado y enfadado consigo mismo y esas frases facilitan que el enfado se dirija hacia los padres.

Castigos

«¡No verás la televisión durante un mes!». «¡Castigado sin la vídeoconsola hasta que apruebes!». Tal y como explicamos sobre los límites en el capítulo 3, los castigos no son educativos; aplicar consecuencias inmediatas, proporcionales y adecuadas, sí.

Descalificaciones

«¡Eres un vago!», «Eres tonto». Este tipo de afirmaciones son nefastas en la educación. Si además provienen de los padres el efecto es todavía más devastador. Está comprobado que, si en la infancia se reciben mensajes de este tipo se crece asumiendo ese concepto como parte de la personalidad y se actúa en consecuencia respondiendo al rol asignado. Eso no significa que no podamos decirle a un niño que ha hecho algo mal. O peor todavía, decirle desproporcionadamente que todo lo hace bien y que es perfecto y maravilloso. El efecto en estos casos también es contraproducente, los niños no se esfuerzan por mejorar, porque según el mensaje recibido ya no hace falta porque «lo han hecho muy bien». Lo correcto es calificar las acciones. Es decir, en lugar de «Eres tonto» se podría decir: «Eso que acabas de hacer es una tontería». Calificar de vago no ayuda en absoluto, pero decir: «Dejar de jugar y ponerse a hacer los deberes cuesta, ánimo», es empático y eficaz.

Sermones

«Es que ya está bien, siempre igual, no hay manera de que aprendas. ¿Hasta cuándo vas a estar así? Mira que te lo digo y tú ni caso. Deberías ponerte cada día a hacer los deberes en cuanto llegas de la escuela y estudiar. Sí, sí, estudiar todos los días, aunque no tengas al día siguiente examen, pero tienes que ir repasando un poquito cada día, así llegará el día del examen y ya te lo sabrás». Los sermones, en general, sientan mal al que los escucha. Suelen ser una larga crítica que no solo no funciona, sino que pueden generar el efecto contrario.

Amenazas

«Como vuelvas a suspender...», «Como sigas así...», «Ya estoy harto». ¿Cuál es el objetivo de una amenaza? Crear miedo, coaccionar y presionar para conseguir algo. Obviamente, como modelo educativo es una actitud que hay que evitar. Conseguir que un hijo obedezca por miedo estropea el vínculo con los padres y tiene graves consecuencias para su desarrollo emocional.

Echar en cara

«Yo trabajando todo el día y esforzándome para dártelo todo, y tú no eres capaz de aprobar». El que echa algo en cara se coloca en la posición de víctima, lo cual, por definición, tendrá unas consecuencias emocionales negativas. Parece que el objetivo no premeditado de esta fórmula comunicativa es que el hijo reaccione a través de la culpa, pero no funciona. El hijo sentirá rabia, no mejorará su rendimiento académico y probablemente empeorará su relación con el padre.

Profecías

«Así seguro que suspendes el curso y tendrás que repetir». Deberíamos evitar las profecías negativas ya que tienen un gran poder de sugestión, de manera que se multiplican las posibilidades de que se cumplan. En general, los hijos (hasta la adolescencia) escuchan a los padres sin cuestionarles demasiado, así que es importante observar qué tipo de mensajes les damos.

Chantaje emocional

«¡Qué decepción!», «Me avergüenzas». El chantaje emocional pretende utilizar el vínculo afectivo como motor de cambio, pero lo que provoca es baja autoestima e inseguridad por el temor de perder fácilmente el amor de los padres. Ambos ingredientes no facilitarán que el niño apruebe, más bien todo lo contrario.

En todo proceso de aprendizaje hay un periodo de asimilación en el que la persona todavía no ha adquirido los conocimientos necesarios, las técnicas o la experiencia para alcanzar el objetivo. Hay diversos factores que pueden hacer que se suspenda un examen, en todo caso el resultado de un examen no siempre es la prueba inequívoca de cuánto se sabe y mucho menos de cuánto se ha esforzado la persona por obtener aquel resultado. Se puede suspender tras un gran esfuerzo de estudio y aprobar sin mucha dedicación.

El caso es que un suspenso, en muchos casos, es un primer fracaso para el niño o un motivo importante de frustración. La reacción de los padres es trascendental. Como acabamos de ver, tenemos al menos ocho maneras de reaccionar bienintencionadas, pero nada eficaces, que hay que evitar.

Para ayudar al niño a superar esta situación podríamos empezar por relativizar el concepto de suspender. Obviamente, el sistema educativo actual está organizado de manera que se evalúan unos conocimientos mínimos que el estudiante ha de alcanzar para considerar que ha superado el curso. Por eso, no podemos negar que el objetivo académico final es el de aprobar cada asignatura y el curso. Pero la parte académica es solo uno de los objetivos. En la vida del estudiante hay otros, incluso más trascendentales para la vida y su formación como persona, como los valores o la inteligencia emocional.

En el proceso de aprendizaje académico se han de dar otros aprendizajes y algunos de ellos no nos los enseñan. Se pueden promover, facilitar o mostrar, pero solo se adquieren a través de la experiencia. De hecho, el significado de aprender es «adquirir el conocimiento de algo por medio del estudio o de la experiencia». Creo que aprender es uno de los verbos que más deberíamos conjugar en la vida. Aprender constantemente en ambos sentidos, en el de adquirir conocimientos por el estudio y por la experiencia. Si no aprendemos, ¿qué sentido tiene todo lo que vivimos?

Algunos de esos aprendizajes que un niño debería obtener en la escuela son: ser responsable, ser organizado, ser constante, tener capacidad de esfuerzo, ser solidario, trabajar cooperativamente, tener paciencia, ser resiliente, conocer sus propias cualidades, conocer sus puntos débiles, tener espíritu de superación, querer ser mejor persona cada día, etc.

La reacción saludable de los padres ante un suspenso debería ser coherente con el objetivo de que el hijo adquiera los conocimientos que le permitan aprobar y además se responsabilice de ello, y que en el proceso de superar esta dificultad crezca emocionalmente sintiéndose cada vez más capaz.

PAUTAS ANTE LOS SUSPENSOS

Ya hemos visto lo que no debemos hacer. Veamos ahora cómo deberíamos reaccionar.

Preguntar sobre el problema en lugar de sermonear

«¿Cómo es que has suspendido?». Esta pregunta pretende que el niño se responsabilice del resultado obtenido. Es decir, definir cuál ha sido el problema. Las respuestas tipo: «El profesor me tiene manía» o «No lo sé» son las que más se alejan del objetivo. Por lo que habrá que seguir preguntando hasta que reconozca que no se ha esforzado o no ha estudiado o no ha presentado algún trabajo, etc. Las posibles preguntas serían: «¿Tú has presentado todos los trabajos?», «¿Cuándo has estudiado?», «¿Cuánto rato?», «¿Cómo has estudiado?», etc.

Preguntar sobre las soluciones en lugar de imponerlas

«¿Qué vas a hacer ahora para aprobar?». Esta pregunta busca la solución. Es decir, los padres no le dicen al hijo qué debe hacer, lo cual suele crear bastante resistencia. Es el niño el que después de reconocer la causa del suspenso aporta ideas para mejorar. La pelota está en su tejado. Si el niño no sabe cómo hacerlo, los padres mediante preguntas le pueden orientar. Por ejemplo, se puede cuestionar ofreciendo alternativas válidas: «¿Te iría mejor hacer más ejercicios o repetir algunos de los deberes?».

Las preguntas pueden dirigir la conducta en otra dirección: «¿Crees que para el próximo examen debes estudiar de la misma manera o cambiar alguna cosa?», «¿Qué podrías hacer diferente: estudiar haciendo un resumen o dedicar más tiempo?», «¿Si hubieras hecho un resumen te habría ido bien para estudiar?», «¿Si hubieras practicado más te habría servido?», «¿Si hubieras hecho los deberes te habría ayudado?».

Confiar en el hijo

Adoptar una actitud de confianza en el niño. Los padres siempre han de mostrar total confianza en sus hijos ante las dificultades. Si no, es altamente improbable que el niño confíe en sí mismo. Y confiar es uno de los verbos más difíciles de conjugar, porque se trata de esperar sin tener garantías de que se cumpla lo que deseamos. Gestionar esa incertidumbre es importante. Eso significa que, aunque no se esté totalmente tranquilo de que todo vaya a ir perfecto, la actitud sea de confiar en ello y transmitir al hijo esa confianza con mensajes explícitos: «Confío totalmente en ti», «Sé que tú puedes», y con acciones coherentes en las que el niño vea que realmente es así. Para decir estas frases no hace falta sentirlas al cien por cien, sencillamente decirlas con convicción, sabiendo que esa afirmación generará un efecto muy positivo en el hijo y finalmente se verán los resultados.

Observar sin intervenir

Esta estrategia es esencial, es decir, que los padres desde la distancia y discretamente observen cómo el hijo estudia, hace sus tareas, anota los deberes en la agenda, plantea dudas, etc., pero sin intervenir directamente, es decir, que el niño no vea que hay alguien detrás chequeando que todo está en orden, que ha hecho los deberes, que se sabe la lección, etc. Al contrario, que vea unos padres que «aparentemente» no controlan porque confían y que ponen la pelota en su tejado cada día, y, por tanto, es él quien ha de mover ficha.

7

Las comidas

«Come, no te levantes de la silla»

«Las cosas en realidad son más sencillas
de lo que pueda pensarse, pero mucho más
complicadas de lo que pueda comprenderse».

J. W. GOETHE

Maite y Alfredo son los padres de una familia reconstituida. Maite tiene un hijo de 6 años que se llama Txema y Alfredo uno de 11 llamado Carlos. Describen su nueva familia como un hogar maravilloso con un problema: la hora de las comidas.

Parece ser que en los dos años que llevan juntos todo va como una seda, a excepción del momento de sentarse en la mesa a comer porque saben que será muy estresante. Por un lado, Txema es un niño muy inquieto al que le cuesta estar sentado mucho rato y siempre quiere jugar. De manera que cuando tiene que comer con la familia su tendencia natural es levantarse de la silla infinidad de veces. Algunas con excusas tipo: «Voy al lavabo» o «Se me ha olvidado algo». Otras veces, sencillamente se levanta y se va a la cocina, a su habitación, vuelve, se sienta y de nuevo se levanta a los pocos minutos.

Maite, su madre, le llama la atención en cada ocasión, por lo que empieza a sonar una y otra vez la frase: «Para quieto, no te levantes de la silla». Txema no dice nada, en alguna ocasión tal y como oye la frase, se sienta. Otras no. El caso es que solo es cuestión de minutos que vuelva a levantarse. A veces, al sentarse, pone una pierna en la silla y se sienta encima. La madre no tarda entonces en decirle: «Siéntate bien». Unas veces lo hace, otras no, de manera que Maite vuelve a decírselo subiendo el tono de voz y aumentando la tensión en la familia.

Por su lado, Alfredo se encarga de que Carlos coma, porque según él: «Mi hijo nunca tiene hambre, creo que si fuera por él ni se acordaría de comer». Así que, cuando se acerca la hora de la comida, ya le empieza a decir qué es lo que comerán para que se vaya «mentalizando», pues aparte de los macarrones, la pizza, el arroz y las hamburguesas no le gusta ningún otro alimento.

Carlos reniega nada más saber que ese día no tendrá ninguna de sus comidas preferidas. Se queja y su padre le intenta convencer de que la crema de verduras también le gustará porque le ha puesto el queso de los macarrones. Carlos sigue quejándose. Se sienta en la mesa y mira el plato como si observase el universo, como si pudiera estar horas y horas estudiando cada estrella y planeta. Su padre le insta a coger la cuchara. Después de insistir varias veces, lo hace, pero sin acercar siquiera el cubierto al plato. Pone la cuchara en posición vertical, apoyando su base sobre la mesa, con el puño cerrado como si fuera un arma y se estuviera preparando para la batalla que está a punto de librar.

Alfredo lo mira, esperando que empiece. Cosa que no pasa. Nunca pasa si no son sus platos predilectos. Así que empieza a presionarlo con sus órdenes en tono condescendiente, con paciencia y cariño: «Empieza ya a comer», «Come», «Carlos come», «Va, come»...

La batalla particular de Carlos con su plato de crema de verduras puede durar una hora perfectamente. El padre, mientras, sigue comiendo y cuando ya se ha terminado el segundo planto y el postre sigue atento a los movimientos de su hijo, presionándolo cada poco tiempo con su «Come, come...».

Mientras, Maite sigue detrás de Txema, literalmente incluso, levantándose ella de la mesa para traerlo de nuevo a la silla, con la esperanza ingenua de que se quede allí al menos diez minutos seguidos, cosa que no ocurre nunca. Lo habitual es que se siente en la silla, dé un bocado o dos sin quejarse, porque a diferencia de Carlos a Txema le gusta casi todo, pero que al cabo de poco vuelva a sentarse mal en la silla o directamente se ponga en pie.

El mal humor se convierte en la norma de esta familia cada vez que hay que comer, y además pasan las semanas, los meses y los años sin que haya ninguna evolución.

OBJETIVOS

- Conseguir que los hijos estén alimentados saludablemente (tanto respecto a la cantidad como a la variedad).
- Lograr que los hijos sean autónomos cuando comen (tanto respecto a comer solos como al tiempo invertido).
- Disfrutar del momento plácido de comer en familia, sin discusiones ni conflictos.

CÓMO SE CREA EL PROBLEMA

La alimentación es un motivo de preocupación para los padres con niños de todas las edades. Principalmente porque es una de las necesidades básicas que han de cubrir. Por un lado, los temores son respecto a la salud física: «¿Se pondrá enfermo?», «¿Crecerá normalmente?», etc.; por el otro, el temor a que sufran trastornos de alimentación como la anorexia. A veces este exceso de preocupación puede crear un problema donde no lo había.

Respecto a comer poco y lentamente

«¡Mi hijo no come nada!». Esta es una afirmación de muchos padres y madres en mi consulta. Si literalmente el niño no comiera nada, hubiera enfermado y estaría gravemente desnutrido, por lo que lo primero que les pregunto es por la salud, el peso y el crecimiento de su hijo. Obviamente, la respuesta confirma que está bien. Casi siempre son niños delgados, lo cual es normal y deseable teniendo en cuenta que están creciendo, el problema es que tengan sobrepeso. De manera que, tras comprobar que es una afirmación muy exagerada, estudiamos la dinámica familiar en el momento de la comida.

En este caso, como hemos visto, a Carlos le gustan muy pocos alimentos. Cuando en el menú familiar hay platos que no son de su agrado su padre le informa previamente, con la intención de que cuando se siente a la mesa esté dispuesto a comer lo que haya. Pero no funciona: Carlos reniega igualmente. Y al sentarse a comer el tiempo parece que se detiene. Carlos ni siquiera coge los cubiertos. Su padre empieza a mirar qué hace y a darle órdenes: «Coge la cuchara», «Come», «Empieza»... Carlos eterniza ese momento. Cada paso es lento y requiere de una nueva orden paterna para el siguiente. De esta manera el padre piensa que si él no estuviese allí «animando» a su hijo este no comería.

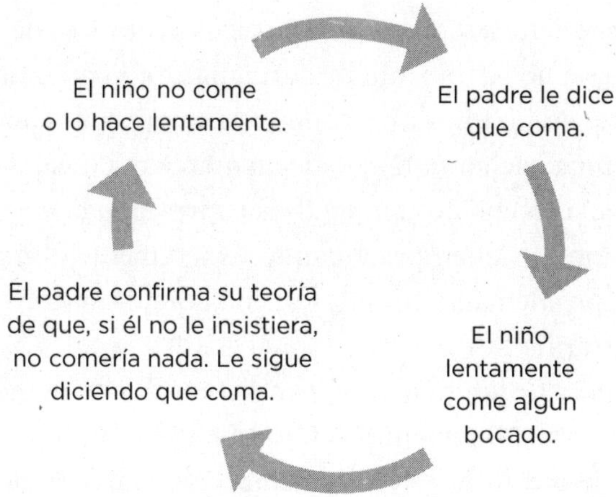

Cuando se trata de una comida en la que sí le agrada algún alimento, Carlos tarda en comer, pero tampoco ingiere una gran cantidad. Si el niño está sano, debemos aceptar que la cantidad de alimentos que come es realmente la que necesita, y olvidar lo que nosotros creemos que debería ser.

Esto no significa que en algunos casos sí se trate de un trastorno. Algunas señales de alarma que hay que observar son: rechaza sistemáticamente cualquier comida, rechaza las comidas más calóricas, come solo cosas trituradas y líquidas, come constantemente, vomita después de comer, restringe la cantidad de alimentos cuatro días y después se da una comilona, etc. Si se observan estas conductas más de un mes seguido, recomendamos acudir al pediatra para que valore la necesidad de recibir ayuda de un nutricionista o de un terapeuta.

Sin premeditarlo, los hijos «aprenden» que a la hora de las comidas los padres están muy pendientes y que si comen poco a poco están más tiempo con ellos. Los niños obtienen así un beneficio secundario de su actitud frente a la comida. Si acabaran de comer antes no estarían ese rato extra con los padres.

Los progenitores, preocupados, piensan que han de estar ahí, porque si no su hijo aún tardaría más y comería menos. Con suerte, en una hora ha comido la mitad y finalmente, con «la última cucharadita», lo dejan marchar a jugar. Pasan los meses y la escena no cambia. Los padres, con la mejor de las intenciones, siguen practicando exactamente el mismo ritual y el problema se cronifica. Cada comida se convierte en una tortura.

Pero no valoran que estar pendientes de esa manera y «ordenar» constantemente al hijo que coma no logra los objetivos de que lo haga en un tiempo razonable ni de que ingiera más cantidad. Si se consigue algo, en todo caso, es que haya tensión en la comida y el niño asocie comer a sentirse presionado y, por tanto, a algo desagradable. Es decir, el objetivo de la alimentación saludable y disfrutar del momento de la comida familiar se cambia por «que el niño coma».

Respecto a comer poca variedad de alimentos

Hay niños que, desde bebés, con la introducción de nuevos alimentos, se muestran receptivos a experimentar sabores y texturas diferentes. Son esos pequeños a los que «da gusto verles comer». Disfrutan de la comida. Pero podríamos decir que no es lo más habitual. En general, en la infancia los cambios son difíciles.

En la infancia los sabores dulces suelen gustar, por lo que los padres cocinan y ofrecen a sus hijos alimentos de ese tipo. En el ejemplo que vimos, Carlos prefiere los hidratos de carbono (arroz, pasta, patatas, cereales, galletas, pan, etc.) y alguna proteína (hamburguesas y pollo, especialmente) cocinados de forma poco saludable (fritos o rebozados).

Como vemos, si un niño se alimenta así el concepto de dieta variada y saludable no se cumple.

Independientemente del concepto de dieta saludable que cada familia pueda tener (vegana, paleo dieta, mediterránea, sin gluten, etc.) está claro que a esa reducida lista de alimentos que típicamente le gusta a los más pequeños de la casa le falta la fruta, la verdura y las legumbres (y, si se ingiere proteína animal, el pescado fresco).

Los hijos van creciendo y los padres observan que cada vez que intentan darles un alimento nuevo, sistemáticamente lo rechazan. En muchas ocasiones, incluso se niegan a probarlos. «No quiero, no me gusta», a lo que sus padres, con mucha paciencia, les intentan convencer: «Pero si no lo has probado, anda, prueba un poco que te gustará». La negativa a comer hace que los padres entren en modo «pánico» y que ante la posibilidad de que el hijo no coma, buscan «soluciones», como improvisar alguna variante de lo que le gusta al pequeño. Aunque sea un bocadillo, un yogur o un vaso de leche con galletas. El caso es que el niño coma. De esta manera, nuevamente el objetivo de que el niño esté alimentado saludablemente se transforma en el de que coma.

Esta «solución» no solo no consigue el objetivo, sino que nos aleja de él, ya que el niño capta la preocupación de los padres cuando él no come nada, de manera que ya sabe lo que tiene que hacer la próxima vez que le ofrezcan un alimento que no le guste: ni probarlo, así cabe la posibilidad de que le den otra cosa.

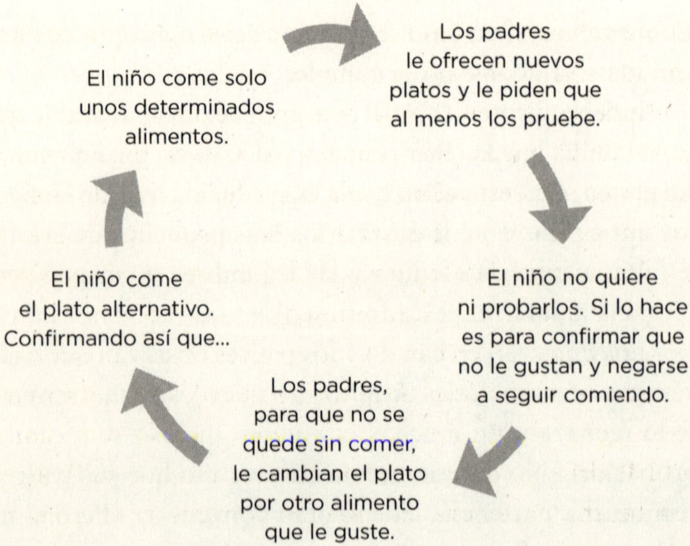

Respecto a levantarse de la mesa constantemente

Como hemos visto, el hecho de que el niño coma de forma saludable y vaya introduciendo diferentes alimentos es un objetivo muy importante, pero para conseguir que las comidas familiares sean plácidas es necesario que el comportamiento de los niños en la mesa sea acorde a la edad y sea el adecuado.

Cabría definir qué significa adecuado. Obviamente, habrá diferentes concepciones en función de la familia, desde los protocolos de etiqueta hasta lo más informal. Cada familia ha de ser coherente con sus criterios. La cuestión es que, teniendo en cuenta lo que veo en las sesiones terapéuticas, en demasiadas ocasiones el deseo no se corresponde con la realidad. Muchos padres, por ejemplo, se quejan del uso de las pantallas durante las comidas (tanto televisión como teléfonos móviles, como veremos en el capítulo sobre pantallas). Es decir, saben que no es correcto, pero no saben cómo solucionarlo.

En el caso de Txema no para quieto y se levanta continuamente de la mesa. Maite, su madre, tiene claro que es la hora de la comida y ha de estar sentado y comer con el resto de la familia. Para solucionar este comportamiento le dice que se siente («Para quieto, no te levantes de la silla», «Siéntate») y si se va del área de la mesa, va a buscarlo.

Cada día sucede lo mismo, de manera que en cuanto Txema empieza a levantarse de la mesa, la madre se pone nerviosa y en el mejor de los casos consigue que no haya discusión y Txema no acabe llorando. Pero las comidas se convierten en una persecución agotadora sin perspectiva de que cambie.

Podríamos decir que el objetivo de que la comida sea un encuentro familiar plácido se transforma en que el niño esté sentado en la silla, comiendo y sin levantarse. Se intenta que no haya conflicto, pero eso no significa que no haya tensión. Finalmente, parece que lo más importante es que la familia se alimente. Pero no es un momento agradable en el que se facilita el contacto y la comunicación.

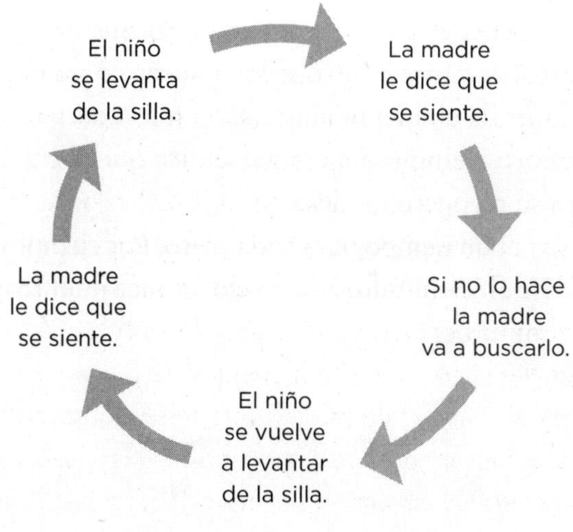

CÓMO SE RESUELVE

PAUTAS PARA CUANDO COMEN POCO Y LENTAMENTE

Un tiempo para cada cosa

Los niños crecen y aprenden que cada cosa que hacen a lo largo del día tiene en general un espacio y un tiempo para realizarse. Por ejemplo: ducharse, desayunar, ir a la escuela, jugar, etc. Comer no es una excepción. Han de aprender que se empieza a comer y a cenar a una hora más o menos fija, dependiendo de las circunstancias, y se finaliza al cabo de una hora, por ejemplo. Es decir, son los padres los que marcan los horarios, no los hijos. Recordemos, además, la dificultad que ello supone para un niño que todavía no sabe gestionar su tiempo. Se puede marcar el tiempo de diferentes maneras:

- Cuando los padres acaban de comer, se recoge la mesa, independientemente de lo que los hijos hayan comido. (Obviamente, damos por supuesto que el tiempo sea razonable y, por tanto, si los padres comen en quince minutos, la siguiente pauta sería más adecuada.)
- Cuando se empieza a comer se dice que al cabo de una hora se recogerá la mesa.
- Se marca un tiempo para cada plato. Por ejemplo: primer plato, quince minutos; segundo, quince minutos; postre, diez minutos.

Observar sin intervenir respecto a la cantidad que come el niño

Hay que aceptar que si está sano no necesita más cantidad. Podemos relajarnos, porque no hay ningún problema de salud. De manera que todo el esfuerzo y presión para que coma más no aporta más que agobio al hijo, que puede asociar el momento de comer a una tortura. La observación es a medio plazo y no solo hay que estar atentos a lo que come en el momento de sentarse a comer, sino durante todo el día. Es decir, fijarse en si pica entre horas. Si fuera así, estaría comiendo poco porque no tiene hambre, el problema sería otro y por lo tanto la intervención estaría orientada a que comiera solo en los horarios marcados. En estos casos, muchas veces el hecho de no dejar al alcance ciertos alimentos (galletas, bollería, fuet, queso, chucherías, etc.), sin darles ningún tipo de explicación, es suficiente para que dejen de hacerlo.

Comer es divertido

Si el momento de la comida se ha convertido en un motivo de estrés es importante reinventarlo, de manera que llegue a ser algo divertido. A todos los niños les gusta jugar, así que podemos utilizar el juego para romper la dinámica anterior. En este sentido hay que hacer uso de la imaginación. Por ejemplo:

- Sopa de letras: podemos hacer que una sopa de letras sea un concurso en el que cada sorbo es un reto en el que hay que comer cucharadas de una letra y el primero que lo haga va sumando puntos y el que gana dispone de cinco minutos más de tiempo para luego jugar o para leer un cuento.

- Se pueden adaptar los juegos a sus personajes o dibujos animados preferidos.
- Canción: se puede cantar una canción y cuando se pronuncia una determinada palabra o sílaba se tiene que comer un bocado.
- El dado: cada miembro de la familia tira un dado a la mesa por turnos. Si sale un número par esa persona ha de comer un bocado, y si sale impar decide si come o no un bocado. Planteado así el juego, la probabilidad de que coma en su turno es 50 % mayor. Si sale par, come (no porque lo digan los padres, los niños están acostumbrados a jugar con dados y no discuten lo que sale); si sale impar, decide si come o no, haga lo que haga estará bien. Para variar, no será un problema que no coma.

Con estos juegos rompemos la dinámica de los padres detrás del hijo presionándolo y se consigue que la comida sea más divertida. A medida que pasa el tiempo, se comprobará que no es necesario jugar en cada comida, porque ya habrá otro ambiente, en el que no se oye el cansino «Come, come…» e incluso ¡se puede hablar!

Menos es más

Algunos padres caen en la trampa de poner cantidades de comida en los platos de sus hijos como si fueran adultos, sabiendo que no se lo comerán todo, pero con la esperanza de que irán negociando «una cucharadita más». Esto va en contra de lo expuesto aquí: no solo refuerza el hecho de que los padres estén detrás y sigan con la tensión de perseguir al niño para que coma más, sino que facilita que el niño tenga un autoconcepto de que él come poco y que nunca acaba lo que tiene en el plato.

Es preferible poner poca cantidad y que se la acabe, a no seguir con el intento fracasado de solución de poner más de lo razonable y que siempre quede algo en el plato. Si, además, ponemos poca comida en un plato grande, la percepción de la cantidad varía y al parecer menos es más fácil que se lo coma todo. Por supuesto, con el último bocado los padres deben reforzar positivamente al niño: «¡Chócala, campeón!». Hará que se sienta contento y facilitará que la próxima vez también deje el plato vacío.

PAUTAS PARA CUANDO COMEN POCA VARIEDAD DE ALIMENTOS

Si a un niño que le cuesta probar nuevos alimentos se le ofrece algo diferente, lo esperable es que lo rechace. Es decir, los padres han de esperar la negativa y no ser ilusos, por mucho que le hayan intentado «mentalizar» previamente. Es inútil explicar a un niño de 8 años que necesita las vitaminas y la fibra de la verdura, al niño le da igual, no lo entiende, solo sabe que no le gusta y que quiere pizza. Por tanto, el objetivo no es que coma la verdura consciente de lo que es la dieta equilibrada, sino que la coma.

Si además los padres se angustian porque el hijo come poco, o nada, y para evitarlo le ofrecen algo que le gusta, este aprende rápido que si se opone logrará su objetivo. Esta es la trampa. Sin darse cuenta, los padres se convierten en cómplices de la dificultad de su hijo para probar nuevos alimentos. Así que los padres han de recordar que su hijo está delgado, sí, y también que está sano, que está creciendo bien y sin problemas de salud. No pasa nada si puntualmente en una comida no prueba bocado. Bueno, sí pasará una cosa: en la siguiente comida tendrá más hambre.

Si no hay ningún trastorno alimentario ni problemas de salud: tranquilidad. Solo hemos de esperar a que el cerebro haga una de sus múltiples funciones, en este caso enviar el mensaje de que necesita alimentarse, en forma de sensación de hambre. Es entonces cuando el niño estará dispuesto a probar algo nuevo o, incluso, a comer algo que sabe que no le gusta; tal vez no una gran cantidad, pero comerá.

Una persona, y por supuesto un niño, si tiene hambre y se le ofrece comida, come. En los países del tercer mundo que he visitado siempre me ha impresionado ver lo que comen los niños de cualquier edad. Les da igual el aspecto, la textura, el olor, el sabor o el color de la comida. Sencillamente, tienen hambre y comen lo que les dan. De manera que, si queremos que los hijos coman saludablemente, y eso incluye comer variado, tendremos que utilizar el mecanismo instintivo del hambre de forma natural. Para ello es imprescindible:

Contemplar la posibilidad de que no coma nada en alguna comida

Como hemos dicho, si no hay problemas, no pasa nada. Al contrario, necesitamos que el niño tenga hambre. Para ello, marcaremos tiempos razonables para comer, tal y como se indica en el apartado anterior y, cuando finalice la comida, se recogerá la mesa, aunque no haya acabado. Nada es nada: ni chuches, ni una galleta, ni un zumo, ni un vaso de leche, ni un yogur, nada. El hambre irá aumentando, posibilitando que coma un poco más, o la misma cantidad, pero en un tiempo razonable y sin angustias, ni presión.

Observar sin intervenir respecto al hecho de que coma o no

Nuevamente esta estrategia es clave. Es decir, hay que dejar de decir «Come, come», «Una cucharadita más», «Va, prueba un bocado», etc. Todo lo contrario, hay que observar cómo evoluciona la nueva dinámica en la que el motor será el hambre y no unos padres muy preocupados presionando a su hijo para que coma.

La alternativa razonable

Podemos dar a elegir al niño en algunas ocasiones: si quiere patatas con acelgas o crema de verduras (que serán las mismas patatas con acelgas pasadas por la batidora). Evidentemente no se trata de decidir el menú en función de lo que el niño diga, sencillamente es una pequeña variación con respecto a lo que vamos a cocinar, en la que elija lo que elija será razonable. Tanto una opción como la otra están bien, y le damos la oportunidad de decidir, y así estará más receptivo, menos resistente a probar algo nuevo.

Como es evidente puede responder que ninguna de las dos. Pero eso no es problema para unos padres que saben lo que han de responder: «Bueno, pues si no decides tú lo hará una moneda, si sale cara comerá patatas con acelgas, y si sale cruz, crema de verduras». Es decir, no hay escapatoria. Toca verdura.

Menos intentar convencer y más refuerzo positivo

En efecto, al niño los argumentos dietéticos y nutricionales no le importan, no le van a convencer. Por lo tanto, dejemos ese intento fracasado de solución y utilicemos un sencillo refuerzo positivo que funciona estupendamente. Por ejemplo: «Tendrás cinco minutos más de lectura del cuento cuando hayas acabado de cenar esta verdura». La frustración de no comer la pizza se compensa en este caso con unos minutos más de lectura del cuento, de manera que se puede sostener mejor.

Recordemos que hay que evitar la negación como inicio de frase. La reacción del niño puede ser diferente si en lugar de la frase anterior, «Tendrás cinco minutos más…», se le dice: «No hay pizza, pero si te comes la verdura tendrás más tiempo para leer el cuento». Seguramente, como oye desde el inicio «No hay pizza», comience a quejarse y no escuche nada más.

PAUTAS PARA CUANDO SE LEVANTAN DE LA MESA CONSTANTEMENTE

Comer todos los días con un niño como Txema, que no para quieto, puede ser agotador y desesperante. Después de valorar que lo que su madre intenta no lo evita, hemos de concluir que no funciona y que hay que pensar algo diferente. Para no caer en la trampa, hemos de pensar en el objetivo, sin desviarnos: que el momento de la comida familiar sea plácido y que el niño sea autónomo.

«No te sientes»

Como hemos visto anteriormente, dar una orden diciendo qué es lo que no queremos es poco eficaz. Pero, paradójicamente, nos aprovecharemos de ello. Es decir, daremos una orden en negativo, sabiendo que, como estará prohibido, será más atractivo.

Lo haremos muy estratégicamente, desde la complicidad. «Txema, llevo mucho tiempo diciéndote en la hora de la comida que te sientes en la silla, que no te levantes, que te sientes bien, etc. Y por fin me he dado cuenta de una cosa: ¡A ti no te gusta estar sentado! Y realmente para comer no hace falta. Así es que, a partir de hoy, quitaremos tu silla de la mesa y tienes que comer de pie».

Cuando la madre hizo esto Txema quedó muy sorprendido. Nos explicaba divertida la cara de su hijo cuando le dijo que se había dado cuenta de que a él no le gusta estar sentado, como queriendo decir: «¡Claro!», «¡Pues sí que te ha costado!». Y cómo la observaba atónito mientras ella retiraba del comedor su silla y la colocaba en otra habitación, bien lejos.

En la siguiente comida Txema fue el primero en ponerse delante del plato. Todos sentados y él de pie. Se le veía contento. Pero después de comer el primer plato pidió sentarse un poco y cuando se dirigía a buscar su silla, Maite lo frenó y le dijo: «No te sientes, te recuerdo que a ti no te gusta estar sentado». Txema intentó inútilmente convencer a su madre de que quería la silla y continuó cenando un poco contrariado y perplejo.

Menos de una semana después Txema suplicaba a su madre que quería sentarse. Después de hacerse rogar un buen rato, un día le dijo con tono vencido: «Bueno, si insistes...». Aquel día Txema permaneció sentado durante todo el almuerzo. Pero en el siguiente volvió a levantarse, como si fuera un automatismo. A lo que Maite, tal y como habíamos previsto, reaccionó con calma, se levantó de su silla para retirar la de su hijo y, mientras la llevaba a la habitación, dijo: «Ves, si ya lo sabíamos que no te gusta estar sentado. No hay problema, la guardo para que no moleste». El niño fue detrás de la madre pidiéndole su silla y prometiéndole que no se levantaría más. Y efectivamente, desde aquel día Txema quiso estar sentado. Si en alguna ocasión se sentaba mal o parecía que se iba a levantar, la madre lo miraba con cara de: «Ves, no te gusta la silla» y, sin mediar una sola palabra, Txema se sentaba bien y seguía comiendo.

8

Las pantallas

«Deja el móvil, apaga la Play»

«Quiéreme cuando menos lo merezca,
porque es cuando más lo necesito».
ROBERT LOUIS STEVENSON
(frase de su personaje el Dr. Henry Jekyll).

Laura y Cristian son los padres de Óscar y Cris, de 12 y 10 años respectivamente. Esta familia lleva un par de años sin saber qué hacer con lo que ellos llaman «el problema de las pantallas». Según los padres, sus hijos están obsesionados con jugar a la Play y hablar por WhatsApp.

Es habitual que lo primero que ambos niños hacen por la mañana sea ver si tienen mensajes de WhatsApp, así que empiezan el día con el móvil en la mano. La madre es la que está con ellos a primera hora y se pasa el rato, hasta que salen de casa, diciendo: «Deja el móvil», «Vístete», «Venid a desayunar». Se ponen a desayunar con el móvil al lado y siguen contestando mensajes, mientras la madre se desespera. Les amenaza con quitárselo si no hacen caso, pero me explica que no se atreve «porque se enfadarían muchísimo y se liaría».

Por la tarde, en cuanto llegan a casa, Cris enciende su consola para jugar y Óscar se pone a mirar vídeos desde su teléfono móvil. Los padres llegan al cabo de un rato, primero el padre que, desde que abre la puerta, se desespera al ver por enésima vez la misma escena: sus hijos delante de las pantallas. Pregunta si ya han hecho los deberes y si alguno responde que no, o que ahora está descansando y que los hará luego, el tono de voz de Cristian aumenta al igual que su enfado. Cuando llega la madre, minutos más tarde, se encuentra a Cris llorando porque su padre le ha apagado la consola a mitad del juego, y a Óscar empezando a hacer los deberes, pero con el móvil al lado y a su padre diciéndole enfadado que lo apague.

Laura intenta conseguir la paz; por un lado, le dice a Cris que no llore que cuando termine los deberes jugará un rato más, y por otro le pide a Óscar que mientras hace los deberes deje de utilizar el WhatsApp, a lo que su hijo le responde que lo necesita porque ha de preguntarles a sus compañeros dudas sobre los deberes. Laura, resignada, mira a su marido con un gesto de «¡Ves! No pasa nada, lo usa porque lo necesita». Cristian, impotente, sale de la habitación. Laura, satisfecha porque la discusión ha acabado, también se va al comedor con Cristian, que le reprocha que lo desautorice. Laura comprueba, una vez más, que evitar la discusión con los hijos provoca otra con Cristian.

La hora de la cena también es tensa. Para empezar Cris está jugando a la Play después de haber terminado sus deberes y no quiere poner la mesa hasta que no acabe la partida. Los padres empiezan a decirle sin cesar, unas diez veces, «Apaga la Play», «Apágala o te la quito». Hasta que el padre lo dice chillando y Cris pone la mesa renegando. A todo esto, Óscar está tranquilamente con su móvil, porque sabe que a él le tocará recoger la mesa y ahora no ha de hacer nada.

Durante la cena (o cualquier comida) tanto Cristian como Laura intentan hablar con sus hijos, quienes solo atienden al móvil o a la televisión. De esta manera cualquier conversación se reduce a dos frases o una pregunta se responde con un monosílabo.

Hace un año estos padres intentaron establecer la regla de prohibir el uso del teléfono a la hora de las comidas. Pero al cabo de poco tiempo perdió efectividad, pues tanto Óscar como Cris le recriminaron a su padre que él sí que lo utilizaba mientras estaban en la mesa. El padre se excusaba diciendo que eran asuntos de trabajo urgentes que tenía que contestar, por lo que los niños empezaron a hacer lo mismo. Al principio explicaban por qué era urgente, y en la actualidad los móviles se utilizan sin restricción. Así que, cuando Óscar tiene que quitar la mesa, comienza la discusión porque él insiste en que «ahora lo hará» y los padres en que ha de ser ya. Finalmente comienza a hacerlo unos diez minutos después, mientras sigue con el WhatsApp y los padres se enfadan.

Lograr que se acuesten también es complicado. Ambos hermanos intentan ir a dormir más tarde de lo que les dicen sus padres, porque han de «responder muchos mensajes y si no lo hacen sus amigos se enfadarán». De manera que en lugar de dormirse a las 22.00 h o 22.30 h lo hacen cerca de las 24.00 h. Se produce una tensión diaria para que apaguen los teléfonos y los dejen fuera de la habitación, porque tiempo atrás daban las buenas noches, se iban a la cama y en lugar de dormir chateaban por WhatsApp hasta la madrugada. Cuando los padres se dieron cuenta se pusieron serios y cada noche comprueban que los móviles están apagados y en el comedor. Pero para conseguirlo se produce un conflicto cada día.

OBJETIVO

- Utilizar los dispositivos electrónicos de forma saludable (que no cree adicción ni dependencia) y razonable (teniendo en cuenta que hoy en día es la forma habitual y generalizada de comunicación y ocio) y, por supuesto, sin conflicto.

Es cierto que aquello que es razonable para los padres probablemente no lo será para los hijos. Pero es evidente que en la infancia los criterios no pueden ser objetivamente maduros ni responsables, pues falta la experiencia. Además, lo más importante: por jerarquía corresponde a los padres determinar lo que consideran mejor para sus hijos. En este caso, los padres tienen claro el criterio: sus hijos han de utilizar menos y mejor las pantallas en general.

CÓMO SE CREA EL PROBLEMA

La utilización de «las pantallas» es un motivo de preocupación y conflicto en muchas familias. Los actuales padres crecieron sin teléfonos móviles. Las pantallas eran la televisión, con una oferta infinitamente menor, y comenzaban las consolas de juegos. Esto hace que la irrupción de los móviles haya sido sorprendente en muchos aspectos. El principal es su rápida expansión. Hace veinte años que empezaron a utilizarse de forma generalizada, en muchos hogares había uno, pronto pasaron a ser dos, uno para cada miembro de la pareja. En pocos años comenzaron a usarlos los adolescentes y en la actualidad prácticamente todos los miembros de la familia, con independencia de la edad y de si realmente los necesitan. Esta «universalización» ha provocado que se normalice la necesidad de tener un móvil, y que esto no se cuestione.

Hoy en día es habitual que con 9 años un niño tenga su propio teléfono con acceso a internet. De hecho, vemos que a niños de 2 años se les deja un móvil para entretenerlos con dibujos, canciones, etc., en lugar de ofrecerles un juguete. En este caso Cris, con 10 años, insistió a sus padres para que le compraran uno. Al final sus padres se lo regalaron por su décimo cumpleaños, «porque todas sus amigas tenían y ella no podía chatear y quedaba desplazada».

Cuando se les regala un móvil se pretende que los niños lo gestionen mesuradamente y se les da una serie de consejos. Pero la realidad es que muchos adultos todavía no lo saben gestionar ellos mismos. En la actualidad los problemas de adicción al móvil están generalizados.

Cuando los padres comprueban que sus hijos utilizan el móvil mucho más de lo previsto y que no cumplen los consejos bienintencionados que les dieron (el teléfono se utiliza un rato al día para jugar o chatear, no se usa mientras se hacen deberes, por la noche se apaga, etc.), comienzan a preocuparse sobre todo por las repercusiones que puede tener en el rendimiento escolar, e inician una campaña de «persecución» de sus hijos. La idea es controlar cuándo utilizan el móvil, «engancharlos» con el móvil en la mano y castigarles sin teléfono (u otras pantallas).

Por regla general los hijos llevan fatal que sus padres les estén «persiguiendo». Lo cual es absolutamente normal ya que es agobiante saber que alguien está pendiente de tus movimientos. En este caso los hijos sienten que los padres hacen de «policías», lo que suele tener un efecto negativo, pues aquellos acaban haciendo de «ladrones». Así es como se especializan en esconderse y en dar excusas de por qué en determinado momento están ante alguna pantalla.

Esta dinámica no solo no consigue el objetivo de la gestión razonable de las pantallas, si no que contamina el ambiente familiar. La gran queja de los padres suele ser que «están todo el día con las pantallas», en especial el móvil. Es decir, aparentemente les preocupa más la cantidad de horas que el uso que hacen de estas herramientas.

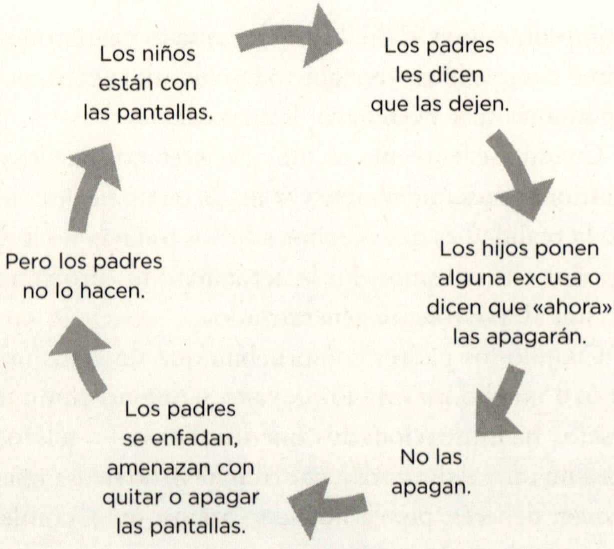

En este caso, Cristian es más autoritario y Laura más permisiva, lo cual, como es habitual, no solo entorpece la resolución del problema, sino que, además, crea otro en la relación de pareja.

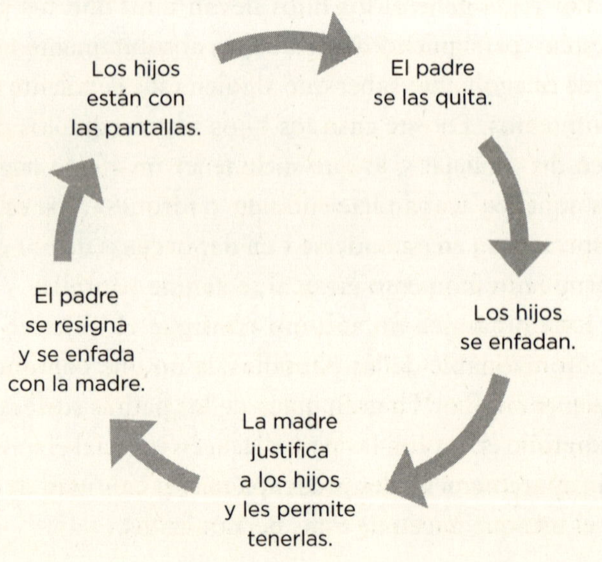

Como vemos el objetivo de utilizar las pantallas de forma saludable y razonable, sin conflictos, no se cumple en absoluto. Los hijos las utilizan mientras pueden, incluso a escondidas de los padres. El conflicto se da por partida doble, entre padres e hijos y entre la pareja.

CÓMO SE RESUELVE

No cabe duda de que las nuevas tecnologías son un gran avance en muchos aspectos: información, comunicación, ocio, etc., que nos facilitan la vida. Pero también tienen un lado negativo. De hecho, ya se han diagnosticado verdaderos problemas de adicción a internet y al uso de las pantallas. La Organización Mundial de la Salud (OMS) ha incluido en la Clasificación Internacional de Enfermedades la adicción a los videojuegos como un desorden de salud mental, concretamente afirma que «el trastorno por videojuegos se caracteriza por una adicción persistente o repetida a los juegos *online* u *offline*». Describe síntomas como la incapacidad de la persona de controlar la frecuencia, duración e intensidad de las sesiones de juego, así como la prioridad que adquiere el hecho de jugar respecto a otros intereses y actividades diarias, además del deseo de seguir jugando a pesar de las consecuencias negativas. La OMS estima que entre un 2 % y un 3 % de las personas que juegan a videojuegos tienen un comportamiento abusivo y adictivo.

Con respecto a la utilización del móvil, hay que reconocer que tanto WhatsApp como otras aplicaciones como Instagram, cumplen todos los requisitos para convertirse en una adicción. El hecho de ver que alguien nos ha escrito es un refuerzo positivo en sí mismo. En especial los niños y adolescentes lo interpretan como si fueran más populares y aceptados, lo que potencia que miren continuamente para ver si hay mensajes o fotos nuevas.

Además, según la teoría del aprendizaje, una conducta se refuerza todavía más cuando tiene una consecuencia positiva, como es el caso. Si además la consecuencia en algunas ocasiones no se da, como cuando no hay mensajes, la conducta tiende a repetirse más. En este caso, volviendo a mirar el móvil o manteniendo activas las conversaciones de chat.

Así es que hemos de gestionar bien la utilización de las pantallas para que realmente no se convierta en un problema. Para ello debemos ver cuáles son los intentos fracasados de solución, valorar la necesidad de dejar de utilizarlos y proponer alternativas cuya eficacia está comprobada.

Por un lado, los padres hasta ahora han hecho lo siguiente: reñirles, enfadarse, amenazarles, castigarles, apagar las pantallas o permitirles que las usen a pesar de que previamente se les haya dicho que no. Por otro lado, los hijos se oponen, no apagan las pantallas, si se las apagan se enfadan y se esconden para que sus padres no vean que las están utilizando.

En este caso, todo esto es lo que hay que dejar de hacer porque no soluciona en absoluto el problema y no nos acerca al objetivo. Hay alternativas eficaces. Veámoslas.

Ponerse de acuerdo y establecer límites

Uno de los problemas del caso descrito es que los padres actúan de manera diferente. Laura es más permisiva y Cristian más autoritario. Tienen el mismo objetivo inicial, pero como no lo consiguen, sin darse cuenta cada uno lo cambia en función de otras prioridades (Cristian intenta que sus hijos le obedezcan y Laura busca la paz familiar) ambas lícitas, pero que les llevan a actuar de forma diferente. Esto es casi una garantía de fracaso. Por si fuera poco, afecta negativamente a la pareja.

Así pues, es imprescindible que ambos progenitores se pongan de acuerdo en la manera en la que abordarán el problema. En este sentido, la más eficaz es que los padres hablen y acuerden los límites que consideran razonables en la utilización de las pantallas.

Al igual que cuando se confeccionan las normas, no se puede aplicar lo mismo a todos los hijos (a excepción de los gemelos) y cada uno ha de tener sus propios límites, horarios, acceso a internet, utilización de aplicaciones y juegos, etc., en función de su edad. La propuesta es que se incorporen y especifiquen en las normas (lo hemos visto en el capítulo 3).

Contrato de utilización del móvil

Sí, es muy eficaz. Desde el momento en que se le entrega el teléfono al niño se le debería hacer firmar un contrato de utilización del móvil. Podríamos decir que, excepto algún caso aislado y por necesidades concretas, no se necesita tener un teléfono móvil hasta, al menos, los 12 años, teniendo en cuenta que van al instituto o al colegio solos. Pero incluso este criterio es seriamente cuestionable y podría recomendar los 13, 14 o 15 años de edad para tener su primer teléfono. En todo caso, sí creo importante que los padres se planteen seriamente este tema, ya que en muchas ocasiones el criterio que se utiliza es la presión del hijo y la presión social. «Todos mis amigos ya lo tienen». También cuestionable, efectivamente, y más teniendo en cuenta que a partir de ese momento se convertirá en otro gasto fijo al mes para la familia. Finalmente, mi propuesta es que un niño de 8 o 9 años no necesita un móvil. Una edad razonable puede ser el inicio del instituto.

A continuación, un ejemplo de contrato de utilización del móvil, por supuesto adaptable a las circunstancias de cada familia:

Lugar y fecha

1. Si los papás te llamamos, has de coger el teléfono siempre, no hay excusas: eso es lo más importante en ese momento, da igual con quien estés o lo que hagas, debes responsabilizarte de tener cobertura, el teléfono encendido, con sonido y batería, especialmente cuando salgas sin papá y mamá o sepas que te podemos llamar.
2. Las llamadas e internet cuestan dinero, tú debes gestionarlos correctamente, utilizarlos solo cuando realmente sea necesario. Dispones de X cantidad de dinero cada mes.
3. Internet es un servicio útil si se sabe usar. Te iremos enseñando cosas a medida que bajemos aplicaciones.
5. El teléfono no se puede llevar al instituto. No está permitida su utilización, de manera que no hace falta. Si algún día, excepcionalmente, te dejamos llevarlo, estará apagado durante todo el horario del instituto, incluidos los patios, es decir de 8.00 h a 14.40 h.
6. Mediante el WhatsApp se pueden enviar fotos y tú puedes hacer fotos con el móvil, lo cual implica que seas consciente de que cualquier foto que envíes podrá ser pública y reenviarse a cientos de personas o publicarse en internet, o sea, confiamos en tu responsabilidad para evitar ponerte en peligro y enviar fotos que luego te puedan comprometer, por ejemplo, fotos personales, «sensuales», «sexuales», etc. Antes de publicar una foto en Instagram la tenemos que ver.

7. Los SMS o WhatsApp son mensajes escritos, y hay personas que por escrito dicen cosas que nunca dirían hablando. Confiamos que no sea nunca tu caso.
8. Tú eres responsable del móvil. Te lo pueden robar, lo puedes perder, se te puede caer, etc. Debes cuidarlo y ser prudente, porque la reparación la pagarás tú con el dinero de tu hucha.
9. El horario de utilización será:

    - Días de colegio: por las mañanas cuando hayas desayunado, te hayas vestido, lavado los dientes y peinado, si sobra tiempo antes de salir de casa puedes usarlo, si no, no. Al llegar del instituto, después de comer puedes cogerlo quince minutos como máximo.
    - De domingo a jueves: a las 21.30 h el móvil ha de estar apagado en el «parking» del teléfono (lugar concreto de la casa: mesa del comedor o una estantería, por ejemplo), cada minuto que pase hará que al día siguiente tengas ese minuto multiplicado por dos menos; o sea, tendrás que dejar antes el móvil.
    - El teléfono debe estar en su *parking* y en silencio cuando estés estudiando o haciendo deberes. Si los papás no estamos en casa el fijo sí debes cogerlo siempre.
    - Los juegos del móvil, WhatsApp, etc. serán permitidos cuando las obligaciones ya estén hechas (tareas de la casa y escolares).
    - Fines de semana y festivos: todo igual, menos los horarios de inicio y finalización. Por la mañana puedes cogerlo después de desayunar, por la noche lo dejas a las 22.30 h.
    - Todos los días: en la mesa, durante el desayuno, comida, merienda y cena el móvil estará en silencio en su *parking*.

10. Siempre sabremos tus contraseñas; y no habrá pretexto si queremos ver o consultar algo.
11. La utilización del móvil estará condicionada al seguimiento de estas normas y de tu buen comportamiento en general. Es decir, siempre que mamá y papá lo consideren necesario podrán retirarte el teléfono, durante unas horas o días. Pero seguro que esto no será necesario.

Firmado:

Madre Padre Hijo/a

Cantidad versus calidad

En general las alarmas de los padres respecto a la utilización de las pantallas saltan cuando ven la gran cantidad de horas que sus hijos les dedican. El tiempo es un criterio, pero no debería ser el único. Es importante tener información sobre qué hacen durante ese tiempo. Se han dado casos en los que no había saltado la alarma porque la cantidad de tiempo no era destacable, pero que después se comprobó que la forma en la que se utilizaba no era adecuada. Por ejemplo:

- Juegos *online*: Pueden empezar con un juego que los padres conocen, pero al cabo de un tiempo cambiar a otro sin que estos lo sepan. ¿Qué juegos utilizan?, ¿son apropiados para su edad?, ¿tienen contenido violento o inadecuado? Por otro lado, ¿con quién juegan?, ¿con amigos que conocen en persona?, ¿con desconocidos a los que nunca han visto?, ¿qué edades tienen?, ¿cuántos son?

- Instagram: ¿Qué fotos cuelgan?, ¿tienen el Instagram público o privado?, ¿publican «historias»?
- Youtubers: ¿Siguen a algún Youtuber?, ¿quién es?, ¿qué explica?, ¿qué hace?, ¿qué valores promueve?
- WhatsApp: ¿Con quién habla?, ¿en qué grupos está?, ¿en cuáles participa?, ¿de qué manera?, ¿es respetuoso?, ¿conoce a todos los usuarios con los que habla?, ¿hay fotos?, ¿qué tipo de conversaciones tienen?
- Facebook: Aunque esta plataforma no es muy utilizada por los más jóvenes, si fuera el caso igualmente es una ventana al mundo que deben aprender a gestionar a través de los padres.
- Musical.ly: Esta aplicación de móvil es muy popular y sirve para enviar mensajes y retransmitir en directo vídeos breves en los que hacen karaoke. Nuevamente se trata de controlar la imagen de ellos mismos que puedan publicar en las redes.
- Vídeos, películas, series: Hoy en día es habitual que, en un ordenador, *tablet* o incluso en el móvil se puedan ver películas, vídeos o series enteras, por lo que hay que saber qué contenido tienen y si es adecuado a la edad.
- Aplicaciones: Cada día aparecen nuevas aplicaciones en el mercado. Los padres deberían revisar el teléfono móvil de los hijos e instalar aplicaciones de control parental que permiten restringir los programas que se pueden usar y el horario de utilización del móvil.

Predicar con el ejemplo

Decía Einstein que «dar ejemplo no es la principal forma de influir en los demás: es la única». Bueno, contradiciendo un poco al gran genio no creo que sea la única, pero desde luego es la más coherente. Los padres son modelos de conducta y por lo tanto con la utilización de las pantallas no es diferente.

No es congruente que se les diga a los hijos que no utilicen el teléfono mientras están comiendo en la mesa y que el padre lo tenga al lado y conteste mensajes «por temas laborales». No. No hay excusa. El teléfono puede esperar mientras la familia está comiendo. A veces es difícil, sí. Pero es una decisión. Esa mala gestión por parte de los padres los descalifica por falta de coherencia. Quedar desacreditados delante de los hijos por nuestras propias acciones nos quita autoridad y, como hemos visto en el primer capítulo, sin autoridad no hay obediencia, ni límites, ni respeto y difícilmente se podrá educar a los hijos y lograr la armonía familiar.

Nunca es tarde. Si hasta la fecha sucedía esto, será más impactante aún para un hijo ver de repente cómo sus padres, que utilizaban el teléfono en cualquier circunstancia, ahora no lo hacen.

Ocuparse en lugar de preocuparse

Es decir, la preocupación en general tiende a ser poco eficaz, se centra en quejas, persecuciones y broncas, pero no resuelve nada. Hay que ocuparse, porque es necesaria una gestión parental adecuada a cada edad. Existen diferentes recursos tecnológicos que lo facilitan. Pero sobre todo actuar acorde a los propios valores y criterios, no dejarse abrumar por el chantaje emocional de «todos lo hacen», «todos juegan a esto», etc. Las pantallas han de ser compatibles con la vida social y los valores de la familia. Por ejemplo:

- Juegos *online*: invitando a los amigos a venir a casa a jugar, en lugar de hacerlo siempre virtualmente. Dándoles criterios para saber qué juegos deben utilizar y con quién jugar.
- Instagram: los padres han de ver todo lo que publican sus hijos menores en Instagram, incluidas las «historias». Hay que explicarles los riesgos de publicar según qué fotos en internet.
- Youtubers: tenemos que sentarnos con ellos y ver los vídeos de los youtubers que siguen. A partir de ahí podemos valorar que, si dosifican la cantidad de tiempo, no es un mal ejemplo e incluso les puede aportar algo. Si no es así, mientras se está mirando el vídeo con ellos es el momento de argumentar por qué motivos no han de seguirlos (son machistas, sexistas, homófobos, consumistas, maleducados, etc.). Es decir, al final de lo que se trata es de que los hijos tengan criterio para elegir en su vida y no tanto limitarnos a prohibirles o censurarles aquello que como padres no deseamos para ellos, porque eso no es educar. Como padres hemos de conseguir que los hijos tengan valores y sean críticos.
- WhatsApp: en cualquier momento los padres deben poder acceder fácilmente a las conversaciones de WhatsApp de sus hijos, sobre todo cuando comienzan a utilizarlo. Es sencillo, no debería haber nada que los padres no puedan ver. Está claro que se puede borrar al instante cualquier mensaje, si esto sucede porque es de carácter privado es

un tema, pero sobre todo hemos de fijarnos en los mensajes de grupos en los que es más fácil que la inmadurez les haga decir cosas de las que luego se arrepientan.

- Facebook: esta red social es para mayores de 14 años. Por lo tanto, si algún niño menor de esta edad lo utiliza, los padres deben saberlo y borrarla junto al hijo. A partir de los 14 años, si se considera bien que tenga su perfil, los padres deberán seguirlo y ver las publicaciones, de forma que puedan aconsejarle y ofrecerle criterios y valores de uso.
- Musical.ly: la mejor forma de gestionarlo es teniendo la información, así que volvemos a aconsejar que los padres sigan lo que publican sus hijos. No hace falta que participen ni pongan ningún «*like*», sencillamente «observar sin intervenir». Si el hijo no se siente observado actuará más espontáneamente con el tiempo y los padres podrán valorar mejor los criterios de utilización del niño.
- Vídeos, películas y series: sentarnos con ellos a ver sus pelis, vídeos y series es una excelente manera de compartir espacio y tiempo con ellos. Además, es un momento propicio para hacerles preguntas interesantes del tipo: «¿Y tú qué harías si te pasara lo que al protagonista?». Es decir, ver qué recursos y valores tiene de manera activa y si hace falta aportar alguna idea.

9

Los miedos infantiles

«No tengas miedo, no hay monstruos»

«Atreverse es perder el paso un momento.
No atreverse es perderse uno mismo».

SOREN KIERKEGAARD

Asun es madre de Aurora y Joaquín, de 8 y 6 años respectivamente. Hace cuatro años que está separada del padre de los niños con un régimen de custodia compartida. Siempre que los hermanos se alejan de la madre lo pasan mal. Por ejemplo, si ella ha de ir al médico o de compras y deja a sus hijos con los abuelos, se quedan llorando. Muchas veces se aferran a sus piernas e intentan que no se vaya. Es una situación muy dolorosa, que intenta evitar, pero a veces no tiene más remedio que dejarlos al cuidado de los abuelos, y por más que les explique que en poco rato vuelve, no hay manera de consolarlos ni de que se queden conformes y mucho menos contentos.

Esto ha sucedido siempre, Asun pensaba que cuando crecieran ya no llorarían, pero pasan los años y, de hecho, la situación ha empeorado. Ahora incluso en casa con la madre necesitan estar a su lado. Ha probado alejarse a escondidas para demostrarles que no pasa nada por estar solos, pero aún es peor, porque entonces necesitan comprobar constantemente si la madre está o no.

La madre se siente muy angustiada al ver el sufrimiento de sus hijos, por lo que ahora evita dejarlos solos y les explica prácticamente cada día que no han de tener miedo. Joaquín dice que hay monstruos y si ha de ir al baño o a su habitación le pide a la madre que le acompañe siempre. Asun le anima a ir solo e intenta convencerle de que no tenga miedo porque no hay monstruos. Joaquín no atiende a los argumentos de la madre y le suplica que le acompañe «por si acaso». Pero a ella le da pena verlo sufrir y le acaba acompañando.

Últimamente está observando que, cuando ella cocina y ellos están en el comedor jugando o haciendo los deberes, cada cierto tiempo le llaman para comprobar si está. La conversación es corta:

—Mama.

—Dime.

—Ah, nada, era para saber dónde estabas.

—Pues ya lo sabes, no hace falta que me preguntes, no tengas miedo, no pasa nada, no hay monstruos.

En otras ocasiones, les reñía por su mal comportamiento, pero esto dejó de hacerlo al poco tiempo cuando vio que en realidad los niños lo pasaban mal y no lo hacían por fastidiarla.

El resultado es que la madre se siente prisionera de sus hijos, que cada vez son más dependientes de ella. No sabe qué hacer, ya ha probado castigos y premios, si tiene que ausentarse comienzan los lloros desesperados y Asun tiene la sensación de abandonarles. Para intentar asegurarles que volverá les llama cada quince o veinte minutos para que estén tranquilos, pero nada tiene efecto. Otras veces se muestra decepcionada porque llevan mucho tiempo así. En otras ocasiones les avisa con antelación de que tal día tendrán que quedarse con los abuelos para ver si así lo asimilan. Viendo que no funciona también ha probado lo contrario. Pero el hecho de que sea imprevisto tampoco evita que sus hijos se opongan tan dramáticamente a alejarse de ella.

Joaquín y Aurora parece que solo están bien si ella está presente. La madre tiene claro que esta situación no puede continuar así, que ella no pueda alejarse de sus hijos no solo es una tortura para ella, sino que no es saludable para los niños.

OBJETIVOS

- Alejarse de la madre sin miedo.
- Sentirse seguros con otros adultos.
- Conseguir mayor autonomía.

El ser humano, al nacer, es absolutamente dependiente de sus progenitores. Crecemos sintiendo la seguridad junto a nuestros padres y consecuentemente tenemos miedo a alejarnos de ellos. Con el crecimiento y la autonomía esta dependencia se reduce. Pero no siempre es así. El instinto infantil tiende a reclamar con quejas y lloros la presencia parental. Si no se ofrece a los hijos la oportunidad de experimentar que pueden estar con otros adultos, crecen pensando que no pueden soportarlo.

Crecer de forma saludable significa, entre otras cosas, ser paulatinamente más autónomos y capaces de manejarnos por nosotros mismos. Con 6 y 8 años los hijos de Asun deberían poder estar con otros adultos de referencia sin ningún problema. Y obviamente poder estar en un entorno seguro, como la casa familiar, sin necesidad de reclamar la presencia de la madre o saber dónde está en todo momento.

En una situación como esta los padres se sienten prisioneros de los hijos. Pero el problema no es ese. Sentirse prisionero es la consecuencia. El problema es que estos niños tienen miedo si no están con la madre, aunque estén con alguien de la familia que conozcan. Progresivamente este miedo se ha extendido a estar solos sin su presencia en la misma habitación, aunque la madre esté en la misma casa.

En el caso de Joaquín se añade además otro miedo infantil habitual como es el miedo a los monstruos. Con sus 6 años Joaquín aún está en la etapa en la que el mundo real e imaginario forman parte de uno solo, es decir, no distingue perfectamente uno de otro. Para Joaquín tan real es algo que conoce y ha tocado como algo que se haya imaginado (hadas, reyes magos, gnomos, etc.). El problema llega cuando la fantasía adopta forma de un ser malvado.

CÓMO SE CREA EL PROBLEMA

El hecho de que un niño pequeño reclame estar con los padres no es un problema, es una reacción normal ante la dificultad de alejarse de las personas que le ofrecen seguridad, protección y cariño. A medida que los niños crecen, comprueban, mediante la experiencia de estar con otros adultos de referencia sin los padres, que estos vuelven siempre. Por lo que alejarse de los padres progresivamente se convierte en una oportunidad y una necesidad para ser más autónomos y sentirse capaces de estar sin ellos constantemente, sin angustia ni miedo.

Pero los padres, en general, sufren al ver llorar a sus hijos. Aunque sepan que en realidad no pasa nada grave y que en un rato ya estarán bien, los padres tienen poca tolerancia al llanto de sus hijos. Esto provoca numerosos problemas. Este sería un ejemplo. La madre ha de ausentarse y deja a los hijos a cargo de los abuelos. Los niños, inicialmente, como es normal, lloran. Y justo aquí es cuando la madre se desvía de su objetivo de enseñar a sus hijos que pueden estar sin ella un tiempo porque ella vuelve siempre. Aquí es cuando con buena intención cae en la trampa de las lágrimas y quejas de los hijos de manera que el objetivo pasa a ser que no lloren y que se queden contentos.

El objetivo ya no es la autonomía de los niños y que se sientan seguros con otros adultos. No. La angustia de la madre al verlos llorar provoca un cambio de rumbo en su objetivo: que no lloren. Así es como Asun intenta convencerles de que no pasa nada, que ella volverá, que estarán bien con los abuelos, etc. Los niños no se sienten entendidos. «¿Cómo que no pasa nada? Quiero estar con mi mamá». De modo que hacen lo que desde que nacieron les ha funcionado cada vez que querían algo: llorar. La madre se angustia más y sigue con su intento fracasado de convencerles.

De esta manera los hijos aprenden que su llanto tiene un efecto muy poderoso. Cuando, además, en alguna ocasión, les funciona porque la madre desiste de dejarlos con los abuelos, los llantos se refuerzan positivamente y lo utilizan con más frecuencia y con más intensidad. Es decir, este cambio produce un efecto inmediato en los hijos. Aprenden que si lloran, algunas veces se pueden salir con la suya.

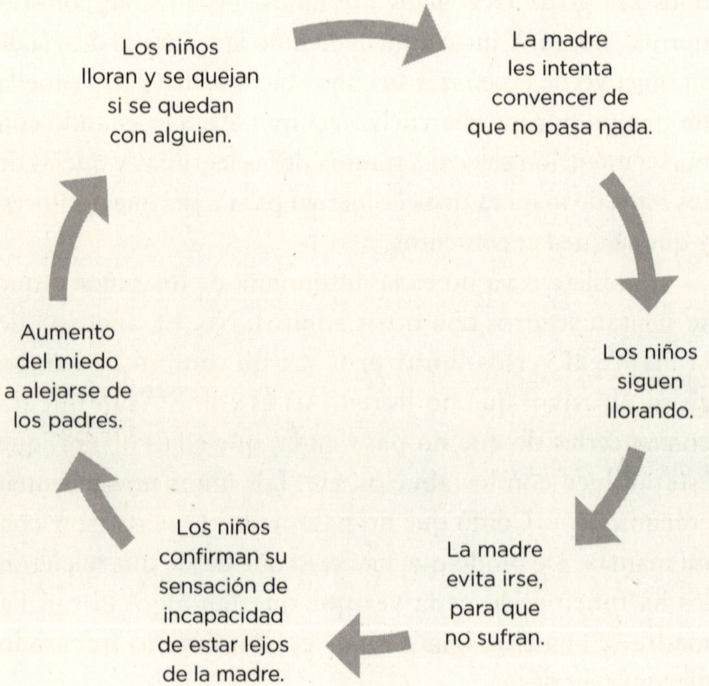

En alguna ocasión, cuando los abuelos ya estaban en la casa, Asun probó de irse a hurtadillas para que sus hijos no lo pasaran mal y lloraran cuando la vieran marchar. Pero esto solo provocó un estado de alerta mayor, porque pensaban que en cualquier momento la madre podía irse. A pesar de que ella se esfuerza en decirles por activa y por pasiva que no los abandonará nunca, ni se irá nunca más a escondidas, los niños desde entonces empezaron a comprobar constantemente su presencia, para tortura de la madre y sufrimiento de los hijos.

El tiempo ha ido pasando y están peor. La madre les ha reñido, les ha castigado, les ha intentado premiar si no lloraban, les ha explicado con toda la paciencia del mundo que no pasa nada, se ha alejado a escondidas, les ha avisado con antelación, no les ha adelantado los planes para pillarles por sorpresa, etc. Asun tiene la sensación de haber hecho de todo.

Pero realmente, lo que ha hecho está dirigido en un sentido equivocado: que no lloren, que entiendan que no pasa nada o que incluso se queden conformes y contentos. De esta manera ha perdido el verdadero objetivo de vista: la autonomía de sus hijos y que puedan estar tranquilos sin miedo cuando ella no está.

CÓMO SE RESUELVE

Nuevamente estamos ante un ejemplo de lo fácil que es alejarse del objetivo saludable. Para ayudar a un niño a ser más autónomo hemos de ayudarle a superar su miedo a no estar con los padres. Todos los miedos se han de afrontar para ser superados. Pero eso no significa que haya que hacerlo a la brava, en absoluto. Todo lo contrario, hay que hacerlo progresivamente y de forma terapéutica para asegurarnos de que el miedo se supera de forma eficaz. Veamos ahora cómo reconducir esta situación.

Dejar de hacer lo que no funciona

Este caso es un claro ejemplo de que, aunque sepamos qué estrategias se han de utilizar, si no dejamos de hacer lo que no funciona, la situación no se resolverá. Es decir, hay que:

- Dejar de explicarle que no pasa nada.
- Evitar decirle que no ha de tener miedo.
- Cesar en el intento de convencerle de que no hay monstruos.
- Evitar argumentar que se volverá en un rato y que no pasa nada.
- Dejar de reñir y castigar.
- Evitar premiar si no llora.
- Irse a hurtadillas sin que se dé cuenta.
- Dejar de avisar con la máxima antelación de que se irá.
- Evitar el efecto sorpresa en el que de repente el niño se encuentra en la situación de que los padres han de irse inmediatamente.

Jugar a las películas

Este juego es la adaptación de una técnica terapéutica para adultos llamada «Meditación de todos los males» que está enfocada a superar miedos, fobias e incluso ataques de pánico. Es una antigua técnica que Séneca ya utilizaba para afrontar aquellas situaciones de la vida que no podía controlar y que por ello le ocasionaban ansiedad y miedo.

Se basa en «mirar al monstruo a los ojos», es decir, en imaginar de forma voluntaria los peores y más indeseables escenarios que nos ocasionan miedo. Cuando hacemos esto se produce un efecto paradójico: esa escena imaginada, en lugar de hacernos sufrir, a medida que la vamos elaborando y pensando en diferentes ocasiones, conseguimos que no nos asuste o incluso encontramos soluciones sin habérnoslo propuesto.

Sería como un «entrenamiento» en el que mentalmente el niño se enfrenta a su miedo de manera que se «inmuniza». El juego consiste en lo siguiente:

- Cada día durante dos semanas la madre le propondrá a cada uno de los hijos «jugar a las películas» para superar este miedo que tienen. En este caso es la madre, pero si están ambos progenitores lo óptimo es que se turnen en días alternos.
- Pondrán una alarma que suene al cabo de quince minutos. Durante ese tiempo la madre inventará el guion de una película en la que los hijos son los protagonistas y sucede en presente. El guion se basa en una situación real en la que lo pasan mal. Por ejemplo, que se quedan en casa con los abuelos y la madre se va al médico. En este caso, donde el miedo afecta a los dos hijos, la pe-

lícula se hace con los dos y a días alternos habla uno o el otro. En el caso de que sea solo un niño, este hablará todos los días.

- La historia se narra en voz alta, se elabora a medias entre el niño y el progenitor, que constantemente preguntará: «¿Y cómo sería peor todavía esta situación?». Por ejemplo, la película comienza desde que la madre les dice a los niños que esa tarde estarán en casa de los abuelos porque ella ha de trabajar hasta más tarde, y hay que describir qué harán exactamente, cómo, qué dirán, qué sentirán, etc. Si dice: «Estaré llorando desesperadamente hasta que te vea», se le puede preguntar: «¿Y si estás llorando todo el tiempo hasta que llegue, que es lo peor que puede pasar?». Las «películas» elaboradas por Joaquín también tendrán como argumento que hay monstruos en la casa y todo lo que él imagine en ese sentido.
- Cuando suene la alarma finaliza la película.

Obviamente, este juego terapéutico, lejos de producir más miedo o angustia, hace que el niño afronte progresivamente aquello que teme. De hecho, muchos niños, al cabo de unos días de imaginar películas, comienzan a buscar soluciones. Por ejemplo: «Pues me pondré a jugar, así se me pasará antes el tiempo y no me aburriré». Algunos padres me han explicado algunas de las películas de sus hijos con ingeniosas versiones en las que los pequeños se convertían en valientes afrontando esas situaciones temidas. Cuando los niños comienzan a proponer algunas de esas «soluciones», como dar patadas ninja a los ladrones o encantar a los monstruos para echarlos de casa, hay que dejar que terminen el relato en el que se sienten capaces de afrontar su miedo, para reconducir luego el ejercicio terapéutico diciéndoles que esta película es de miedo y no puede acabar bien. Siempre hay que buscar un: «¿Cómo podría empeorar más la escena?».

Esta técnica se basa en la paradoja de que nadie puede provocarse el miedo o el pánico voluntariamente. Cuando miramos de frente aquello que nos aterroriza, el miedo mengua paulatinamente. Al cabo de dos semanas, se puede reducir el tiempo a diez minutos y al cabo de otros quince días, si el niño muestra menos miedo en las mismas situaciones en las que antes lo pasaba mal, se reduce a cinco minutos diarios.

Juegos de alejarse

Es decir, mediante diferentes juegos, provocar situaciones en las que los niños se alejen de los padres. Por ejemplo, jugar al escondite en casa o en lugares más grandes. Si el miedo incluye la oscuridad, se puede jugar con algunas luces de la casa apagadas y progresivamente dejar menos luces encendidas. Otra variante del juego sería la utilización de linternas por parte del que tiene que encontrar a las personas escondidas, en un entorno conocido como la casa a oscuras por la noche.

Alejarse progresivamente

Cuando el niño esté en una estancia de la casa, por ejemplo, en el comedor jugando y con los padres presentes, en lugar de permanecer todo el tiempo con él, se han de ausentar durante breves periodos de tiempo que irán aumentando poco a poco. Se le informa (no se le pide permiso) diciendo: «Voy al lavabo», «Voy a tender la ropa de la lavadora» o cualquier excusa. El caso es que sea con una actitud firme transmitiendo la seguridad que el hijo necesita.

Pedirle que llore

En esas situaciones previsibles en las que sabemos que el niño va a llorar, hay que avanzarse y pedirle que llore antes de que lo haga voluntariamente. «Ya puedes empezar a llorar, porque esta tarde vendrán los abuelos y yo tendré que ir a comprar y ya sé que necesitas llorar en estas ocasiones». Se trata de otra técnica paradójica en la que rompemos la espontaneidad del llanto al «obligarle» a hacerlo. El tono debe ser empático y cariñoso.

Conseguimos que el niño se sienta comprendido, pero difícilmente llorará porque se lo pidan. Si llorase, hay que animarle para que lo haga más, «llora que va muy bien para desahogarse». Es una cuestión de poco tiempo que deje de hacerlo.

10

Ir a dormir

«Ve a tu cama a dormir»

«El miedo es la incertidumbre en busca de seguridad».

J. KRISHNAMURTI

Eloi y Ana están preocupados por sus hijas Silvia y Jana, de 6 y 7 años respectivamente. Estos jóvenes padres formaron su familia con la idea de tener tres o incluso cuatro hijos, pero las dificultades de estos primeros años de paternidad hacen peligrar su proyecto.

Ambos coinciden en la idea de la crianza natural como la mejor opción para su familia, y hasta hace un par de años estaban encantados con el parto natural o la lactancia a demanda, entre otras cosas. Pero hace ya un tiempo que, aunque siguen pensando que es una filosofía que se ajusta a sus valores, reconocen que el colecho está teniendo dos efectos negativos en la familia. Uno para la pareja, que es la dificultad para tener intimidad. Desde que nació Jana, la pareja no ha podido tener ni un encuentro sexual en la cama marital. Lo cual parecía que sería más fácil de sobrellevar. Inicialmente creían que encontrarían otros espacios y momentos para ellos, pero la dinámica familiar con dos hijas pequeñas lo ha complicado mucho más de lo que tenían previsto. De hecho, desde que nació Silvia, a pesar de tener una cama de 1,80 m de ancho, para Eloi resulta más cómodo dormir en otro espacio, y lo que inicialmente era esporádico se ha convertido en diario. Especialmente desde que las niñas se quejan de que él ronca.

Cabe decir que las expectativas de colecho inicial, tanto de Eloi como de Ana, eran que seguramente sería por un periodo de tres o cuatro años y que luego ellas ya querrían ir a dormir a su habitación. Por ello, cuando Jana ya tenía 4 años los padres empezaron a sugerirle que se fuera a su habitación a dormir. Le compraron una habitación de «chica grande» para motivarla, pero Jana dijo que como su hermana pequeña dormía con la madre, ella también quería. De modo que decidieron esperar a que Silvia cumpliese también 4 años.

Pero llegado el momento, cuando Silvia tenía los 4 y su hermana Jana 5, las niñas manifestaron que les daba miedo dormir solas en su habitación. Los padres las intentaron convencer de que no estarían solas porque dormirían las dos en una misma habitación y que no pasaba nada. El argumento no las convenció, por lo que los padres pensaron que una buena opción sería que ambas empezaran durmiendo en la cama de los padres y que a mitad de la noche las llevarían en brazos a su habitación.

Pero las hermanas, cuando se daban cuenta del cambio, volvían a la habitación de los padres. De hecho, a veces, en el traslado en brazos alguna se despertaba y comenzaba a llorar y eso que según el padre las llevaba «como si llevase una bomba que al menor movimiento explota». Si una lloraba, la otra se despertaba y acababan ambas en la cama matrimonial con la madre y el padre exiliado al sofá.

Si Eloi conseguía llevar «las bombas sin explotar» y seguían durmiendo en la habitación infantil, lo habitual era que al cabo de poco Silvia empezase a llorar y a llamar a los padres cuando se despertaba en su cama. Les decía que tenía miedo, que no podía estar sola y que no se atrevía ni a ir corriendo a dormir con los padres.

Eloi, que ya dormía en su cama en lugar del sofá, acudía a la habitación de las hijas y volvía a coger a Silvia en brazos y la dejaba con la madre, para volver él a regañadientes al sofá. Jana, que se despertaba con los lloros de su hermana, iba detrás y también se metía en la cama al lado de la madre.

Cuando llegan a la consulta Ana está agotada, dice que no descansa bien y Eloi afirma que él todavía está peor porque el sofá es incómodo y las camas de las hijas, pequeñas.

Además de cuestionar el colecho, con lo que ello supone de contradicción interna por su idea inicial de crianza natural, sienten que, como pareja, se están alejando y ahora solo son padres. Pero lo peor es reconocer que el sacrificio que han hecho estos años como pareja, por el bien familiar, está facilitando que las hijas tengan más miedo y que el apego se convierta en dependencia. Últimamente les parece impensable que empiecen a dormir en otro lugar que no sea la cama de los padres. Y, en consecuencia, no se plantean la posibilidad de ir a dormir a casa de algún familiar o amigo, y mucho menos que las hijas puedan ir de campamentos como otros niños de su edad.

OBJETIVOS

- Conseguir que los hijos duerman en su cama toda la noche sin miedos.
- Recuperar el espacio de intimidad de la pareja.

La crianza natural es una filosofía de interrelación con los hijos con la que comparto varios conceptos, como intentar tener un parto lo más natural posible o procurar una lactancia materna. Hay ocasiones excepcionales en las que sin embargo esto no es factible a pesar de que los padres lo deseen.

Obviamente, cada pareja tiene derecho a decidir qué tipo de crianza y educación considera mejor para sus hijos, lo cual respeto profundamente. Dicho esto, constato que en mi experiencia clínica he visto muchos casos en los que el colecho se ha convertido en un problema en el que se ha tenido que intervenir para encontrar una solución.

Este capítulo no pretende ser una crítica del colecho, sino poner remedio a las situaciones en las que se transforma en un problema. Es decir, cuando lo que pretendía ser una crianza natural en la que el niño, a su ritmo, disponía de un periodo de transición en la separación física de los padres, se transforma en dependencia, impidiendo que adquiera seguridad y autonomía. También hay que tener presentes todos aquellos casos en los que uno o ambos padres no viven la experiencia del colecho con serenidad y alegría, sino como un sacrificio que lícitamente pueden no querer seguir practicando.

Casos como el de la familia de Eloi y Ana son muy habituales. Sea a partir de una decisión sobre el tipo de crianza natural, sea sencillamente porque facilita la práctica y mantenimiento de la lactancia a demanda, muchos padres duermen con sus bebés en la cama desde que nacen. En algunos casos de manera provisional, previendo que sea el tiempo que dure la lactancia. Pero, como todos sabemos, tal vez demasiadas veces lo provisional se convierte en definitivo. Y pasan los meses, los años, y el niño se instala en la cama de los padres sin previsión de cambio a corto o medio plazo.

En otras ocasiones, en las que los niños ya duermen en su propia habitación, de repente comienzan a despertarse numerosas veces por la noche y llaman a los padres. En general es porque tienen miedo, y reclaman la presencia paterna para sentirse seguros y poder volver a conciliar el sueño. Pero el hecho de interrumpir el sueño desvela a los padres y provoca que al día siguiente estén más cansados, de modo que toman la decisión —provisional— de que durante unos días («hasta que se le pase») el niño duerma con ellos en la cama. En ese momento, se cae en la trampa y se cambia el objetivo por el de que la familia descanse. Obviamente, es un objetivo lícito, el caso es que si lo que era provisional dura más allá de unos días se convierte en una nueva dinámica que se puede normalizar y como consecuencia no se conseguirían los objetivos.

¿Cuándo el colecho es un problema? Desde mi experiencia, la línea roja es el sufrimiento, cuando ya no compensa, tanto para la pareja, que comprueba que su intimidad queda afectada negativamente, como para los hijos, que en lugar de establecer un apego saludable se convierten en dependientes de los padres. Los padres han de valorar que el colecho se ha convertido en un problema si observan que sus hijos, en lugar de ser más autónomos, son más miedosos e inseguros. Esto sucede en más ocasiones de las deseables para sorpresa de algunos padres, porque realmente pretendían todo lo contrario.

CÓMO SE CREA EL PROBLEMA

En el caso de Eloi y Ana el hecho de practicar el colecho fue una decisión consciente a partir de su idea de crianza natural. Como hemos visto, hay otros casos en los que el colecho es la forma «práctica» de facilitar la lactancia materna y de descansar mejor.

En otras ocasiones el colecho comienza a partir de una época de miedos del niño, especialmente miedo a la oscuridad, a estar solo, etc., en la que el niño duerme en su cama pero a mitad de la noche llora y llama a los padres, que acuden y deciden que «por una noche no pasa nada» y se lo llevan a la cama de la pareja. Es posible que se trate de una mala noche y no pase nada por hacer esa excepción. Pero nuestra experiencia nos confirma que, si el niño tenía miedo, seguirá teniéndolo y a la siguiente noche volverá a pasar lo mismo. El niño debe resolver su miedo para volver a dormir solo en su habitación.

También he visto situaciones en las que el colecho es consecuencia de una separación, tanto por una cuestión de espacio en la que el padre o la madre se mudan a una vivienda pequeña en la que han de compartir la cama porque no hay espacio para otra, o bien porque uno o ambos progenitores consideran que, para minimizar al hijo el impacto de la separación, lo mejor es dormir con él un tiempo para que se sienta más querido y acompañado. En este último caso, cabe decir que muchos padres reconocen que también es una buena excusa para no dormir solos en la cama matrimonial que, de repente, queda vacía. Por tanto, la decisión nace de la necesidad del progenitor y no del niño, que dormía perfectamente en su propia habitación desde hacía años y no se planteaba otra posibilidad. En estos casos, el problema explota cuando el progenitor rehace su vida y vuelve a tener pareja, porque entonces surge la necesidad de que el hijo duerma en su propia cama. El niño vive muy mal este cambio, ya que la nueva pareja pasa a ser directamente «el enemigo» que le está robando a su padre o madre y además le «echa» de «su» cama. De esta manera establecer un buen vínculo con el niño será extremadamente difícil. Por eso recomiendo que, si se da el caso, antes de presentar a la nueva pareja el niño duerma ya en su propia habitación un tiempo.

Es decir, el colecho no siempre es una decisión de la pareja acorde a su filosofía de crianza natural, sino que es el intento de solucionar un problema de miedos. Como hemos visto, intentar que el niño no tenga miedo porque duerme con los padres no funciona, al contrario, le confirma que solo se siente seguro si está con ellos. Sea cual sea el origen de la decisión de llevar al niño a la cama de los padres, en general, lo que ocurre es lo siguiente:

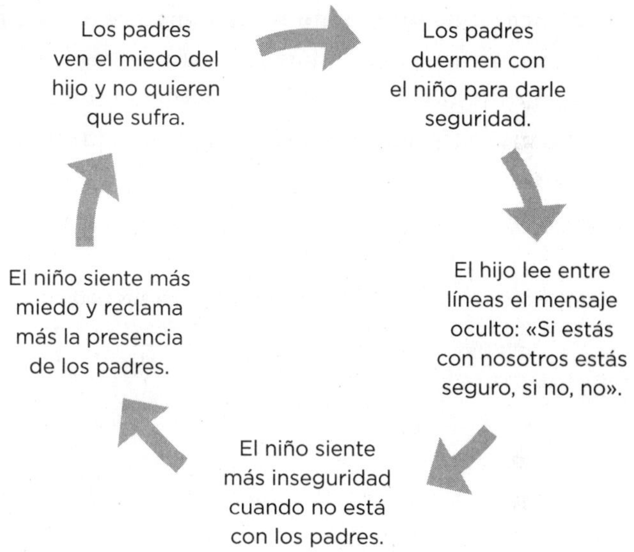

De esta manera, los padres se alejan del objetivo de conseguir que los hijos duerman en su cama toda la noche sin miedos, para pasar a intentar que no sufra, sacrificando la intimidad de la pareja. Este cambio de objetivo genera que la situación se cronifique, ya que para que el niño no sufra, la solución que adoptan es dormir con él hasta que se le pase el miedo, en lugar de ayudarle a gestionarlo para que no lo sufra, y después pueda dormir en su habitación y ser más autónomo y con menos miedos. Es decir, más valiente, con más autoestima.

Los padres ven cómo pasa el tiempo y los niños siguen en su cama y posiblemente un miembro de la pareja en el sofá, cada noche se plantean que la situación se ha alargado demasiado y que es insostenible, pero priorizan descansar ya que al día siguiente tienen que trabajar sí o sí. Si en alguna ocasión han intentado llevar al hijo a su habitación directamente, el resultado es que el niño llora, se resiste, tiene miedo y al cabo de un tiempo o bien aparece en la cama de los padres o estos, directamente, le han dejado que vaya para al menos poder dormir. El objetivo pasa a ser que el niño duerma, que no sufra, cuando debería ser que no tenga miedo a dormir solo.

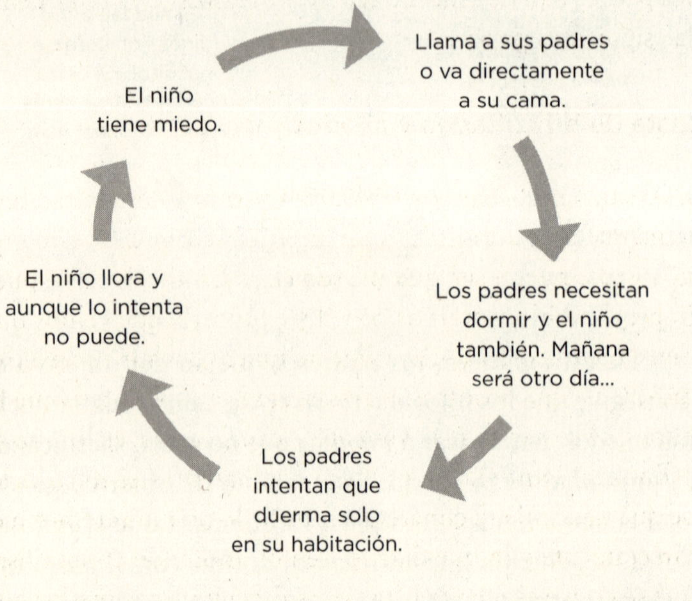

En algunas situaciones, como hemos visto, el sacrificio de la pareja de no disponer de un espacio de intimidad no compensa y se vive negativamente. Además, es un clásico que los niños que duermen durante años con los padres no se sientan capaces de dormir fuera de casa y, en consecuencia, eviten ir de campamentos, excursiones o ir a dormir a casa de un amigo o un familiar. Obviamente, la importancia de esto es mayor cuanto mayor es el niño, ya que observa cómo sus amigos sí que practican esas actividades y él no se siente capaz, lo cual repercute directamente en su autoestima.

CÓMO SE RESUELVE

Veamos ahora cómo se pueden resolver esos casos en los que el colecho se convierte en un problema. Para empezar, los padres han de estar de acuerdo y realizar conjuntamente las siguientes pautas:

Lista de dificultades y miedos

Es decir, aunque *a priori* podamos pensar que nuestro hijo tiene miedo a dormir en su habitación porque no está con nosotros, puede ser que no sea el único motivo. Es pues imprescindible sentarnos con él y explicarle que vemos que tiene miedo por la noche y que no quiere dormir en su habitación, así que nosotros le ayudaremos a superar ese miedo para que se sienta más valiente y capaz de hacer lo que se proponga. Para ello lo primero que haremos es identificar de qué tiene miedo concretamente. Se lo preguntaremos a él directamente y lo que diga lo iremos anotando en una lista que se convertirá en la lista de las dificultades y miedos que él tiene que resolver. Lo habitual es que en esa lista haya: fantasmas, zombis, monstruos, ogros, brujas, ladrones, la oscuridad, estar solo en la habitación, ser el único que está despierto de la familia, etc. Cuando ya no haya nada más que añadir, tiene que ordenar la lista según el grado de miedo que le produce cada cosa. Arriba pondrá lo que menos miedo le dé.

Jugar a las películas

Durante todo el proceso en que el niño pasa de dormir con los padres a dormir solo en su habitación, se deberá realizar con el niño el «juego terapéutico» explicado en el capítulo 9 sobre los miedos infantiles. En este caso se tendrá en cuenta la lista elaborada de sus miedos y dificultades, ya que «el guion» de las primeras películas estará basado en los primeros conceptos que aparezcan en la lista; a medida que pasen los días se irán incorporando otros.

Los padres se turnarán para llevar a cabo diariamente esta pauta, inicialmente quince minutos durante dos semanas, luego se pasará a diez y finalmente a cinco minutos hasta que el niño duerma solo en su habitación. Al final, se trata de recrear y visualizar la situación que el niño teme, de manera que habrá que llegar a imaginar una película en la que el niño se vea solo en su cama y los padres deberán preguntarle: «¿Qué imaginas que podría pasar?», «¿Cómo sería todavía peor esta escena?».

«Progresar adecuadamente»

Cuando ya se haya practicado durante cuatro días el juego de las películas, empezaremos el proceso gradual y paulatino de pasar de dormir en la cama de los padres a dormir solo en su habitación, teniendo en cuenta los objetivos progresivos que propongo a continuación.

Concretamente, propongo comenzar un viernes y realizar el paso 1 durante una semana. Si se valora que se ha consolidado se pasa al siguiente paso, si no, se alarga una semana más. Lo de comenzar los viernes es debido a que es el día en que los niños están más cansados y es más probable que duerman mejor. Y si no es así, al menos al día siguiente los padres no tendrán que madrugar. Además, hasta llegar al paso 4, se puede dejar una pequeña luz en su habitación.

Paso 1. Dormir en la propia cama, pero acompañado por uno de ellos

Es decir, lo primero es que duerma en su cama, pero es muy difícil que lo haga directamente solo, por lo que facilitaremos un proceso por el cual el niño sentirá cómo puede conseguirlo. Por tanto, los padres se turnarán para dormir cada noche uno en la cama del niño. Dormirán toda la noche con él como hasta ahora, pero la gran diferencia es que será en la habitación del niño. Así el niño va habituándose al nuevo escenario.

Paso 2. Conciliar el sueño con los padres y dormir toda la noche solo en su propia cama

Teniendo en cuenta que para un niño el momento más difícil es el de quedarse dormido, los padres le acompañarán mientras concilia el sueño y le informarán de que cuando ya esté dormido se irán. Esto también se puede hacer muy progresivamente en función del niño. Por ejemplo, que los padres se tumben con el niño, pero sin meterse dentro de las sábanas, sino encima de la cama. Pasados unos días pueden sentarse en una silla al lado de la cama, al cabo de otros días alejan un poco la silla. Cada día se separa una pequeña distancia, hasta llegar a sentarse en el quicio de la puerta, aunque ello suponga que el niño prácticamente ni vea a su progenitor. El caso es hacerlo progresivamente. El niño sabe que hasta que no se duerma ahí estará uno de sus padres y esto le da la tranquilidad suficiente para conciliar el sueño. Así el niño comprobará que no necesita dormir al lado de sus padres y que en realidad ya está durmiendo solo.

Paso 3. Conciliar el sueño solo y dormir en su cama toda la noche

Llegados a este paso, los padres deberán decirle al hijo que se sentarán en el lugar más alejado de la habitación durante unos minutos y luego, antes de que él se duerma, se irán y le susurrarán un «buenas noches».

La idea es que cada vez que logre acceder a un nuevo paso, los padres deberán felicitarlo por la mañana, reconociendo su esfuerzo y mérito. Incluso se puede reforzar positivamente con algún pequeño aliciente. Hay que evitar que los refuerzos sean cosas materiales, por lo que propongo «tiempo de calidad» como sería que al día siguiente uno de los padres le dedicará un pequeño espacio de tiempo en exclusiva para divertirse juntos (diez minutos puede ser suficiente, a veces el ritmo cotidiano no permite más, pero se trata de hacer algo juntos como contar un cuento, dibujar, jugar a la pelota, cantar…). El tiempo de calidad con los padres es el mejor regalo.

Paso 4. Dormir a oscuras y en otros lugares solo

Es decir, conseguir la autonomía total, no depender de lucecitas ni de compañías. Sentirse capaz de dormir fuera de casa y, en consecuencia, en casa de algún amigo o familiar o incluso ir de excursión o de colonias. Todo ello para un niño es importante, le hace sentirse mayor y capaz y repercute en su autoestima muy positivamente.

En este paso 4 el niño ya concilia el sueño y duerme solo en su habitación, en general con un pequeño piloto de luz encendido toda la noche. Es importante consolidar esto en el tiempo, por lo que propongo no tener ninguna prisa por apagar esa luz y dejarla el tiempo que se considere, podríamos hablar incluso de meses, no es ese el problema; el caso es hacerlo de manera progresiva, casi imperceptible. Se puede pasar de colocar una luz cercana al niño a colocarla más lejos, o apagarla a media noche (avisando antes de que se duerma el niño y si no se opone, hacerlo). Se puede probar a «olvidarse» algún día de encenderla, a ver qué dice. Recordemos que durante algún tiempo el miedo a la oscuridad se habrá trabajado terapéuticamente mediante el «juego de las películas» de manera que este y los otros miedos habrán disminuido hasta desaparecer. En ocasiones son los propios niños quienes piden que ya no se encienda más la luz porque les molesta para dormir.

Recomendamos que una vez realizado todo esto, el niño vaya a dormir varias veces a casa de alguien de confianza antes de ir de campamentos o de excursión, que son situaciones más difíciles. En el caso de Silvia y Jana fueron a dormir ambas a casa de una prima de su edad en un par de ocasiones. Al cabo de un tiempo fueron individualmente y a los pocos meses ambas pudieron disfrutar de los campamentos que organiza su escuela en los que todos los compañeros de sus respectivas clases se van durante tres días con sus dos noches. Ambas se lo pasaron muy bien, confesaron no haber dormido mucho pero no por miedo, sino porque estuvieron jugando.

Al cabo de un año de haber acabado las sesiones, en el último encuentro de seguimiento, Eloi y Ana seguían maravillados con lo que habían conseguido, pues inicialmente no albergaban muchas esperanzas de conseguirlo. Todavía ahora, decían, cada mañana su primer comentario era: «¡Han dormido las dos en su habitación! ¡Qué bien!».

Obviamente, su satisfacción no era solo porque descansaran todos mejor, sino también porque veían a sus hijas más contentas y seguras. Sin olvidar, como ellos destacaron, que «se acabó el destierro del sofá. Volvemos a ser una pareja».

Conclusiones

La generación actual de padres tiene más formación académica y más acceso a la información que las anteriores. En general, ambos miembros de la pareja trabajan, forman familias de dos hijos y depositan en ellos todo su amor, su atención y las mejores expectativas. Los niños nacen y se convierten en el centro de sus vidas. Muchas veces dejan de ser pareja para ser solo padres. Quieren lo mejor para sus hijos, se informan de todo lo que les concierne (salud, alimentación, estudios, deporte, actividades, etc.), forman parte activa de asociaciones y grupos de WhatsApp relacionados con los hijos (AMPA, club deportivo, comisión de actividades de la escuela, etc.) y la vida familiar se organiza en función de la agenda de los niños (partidos, exámenes, fiestas infantiles, actividades, deberes, etc.).

Procuran su educación, salud, confort y diversión. Quieren que sus hijos sean felices, que sean populares, que estudien, que sean brillantes, que hagan deporte, que triunfen, etc. Para ello, les facilitan la vida todo lo que pueden: les ayudan, les protegen, les preguntan la opinión de todo, les cubren todas las necesidades (incluso antes de que las tengan), les conceden caprichos para que no se frustren, les apuntan a diversas actividades extraescolares, por un lado para gestionar la conciliación familiar y por otro para que tengan más formación (inglés, música, etc.), y también se adelantan a sus dificultades y miedos para que no lo pasen mal.

Evitan que sus hijos se frustren o lloren. Si algo de esto pasa, los padres se esfuerzan para que no sufran. Si los niños tienen una dificultad les sustituyen (deberes, trabajos, hablar por ellos, vestirles, darles de comer, etc.). Podríamos pensar que la intención es buena. Pero las buenas intenciones no solo no son suficientes, sino que en muchas ocasiones, tal y como pasa en la educación de los hijos, se convierten en verdaderos problemas.

La mayoría de padres de esta generación procura que los hijos no sufran protegiéndolos en exceso, consintiéndoles todo y evitando ponerles límites. Esta manera de educar se basa en la hiperprotección y la hiperpermisividad. Estos hiperpadres no valoran que existe una gran diferencia entre lo que desean para sus hijos (que sean autónomos, que tengan valores, que sean respetuosos, que sean responsables, que colaboren en las tareas familiares, que tengan una buena autoestima, que se alimenten bien, que duerman las horas que necesitan, que se sientan capaces de hacer cosas nuevas en la vida, etc.) y lo que finalmente consiguen.

Para empezar no podemos perder de vista que los niños están en pleno desarrollo de su autoestima, carácter e identidad y que, a través de estas actitudes de sus hiperpadres, reciben unos mensajes entre líneas muy negativos. Por ejemplo:

- Te protejo porque no quiero que te pase nada y porque si te hicieras daño o lo pasaras mal no podrías soportarlo.
- Lo tienes que hacer tú, pero te ayudo porque tú solo no puedes (los deberes, vestirse).

- Lo debes hacer tú, pero lo hago yo porque tú no lo harás o lo harás mal (hacer la cama, poner la mesa, etc.).
- Te pregunto todo para que sea a tu gusto, para que seas feliz y porque no podrías soportar la frustración de que las cosas sean diferentes a como tú quieres.
- Te explico por qué has de hacer algunas tareas de casa para que lo comprendas y así lo hagas convencido.

Lo cual implica unas consecuencias perjudiciales para el niño:

- No aprenden a tolerar la frustración.
- Si pasa algo que les frustra se enfadan desproporcionadamente porque no saben manejar emociones como la rabia.
- Creen no tener ninguna obligación pero sí todos los derechos, y pueden llegar a convertirse en déspotas.
- No aprenden a hacer cosas que por edad podrían hacer y les haría crecer y sentirse bien.
- No confían en que ellos sean capaces de ir superando las dificultades que se presentan.
- No se plantean retos, no se sienten capaces de alcanzarlos.
- Instauran la «ley del mínimo esfuerzo».
- Sienten una gran sensación de incapacidad.
- Tienen baja autoestima.
- Tienen mucha inseguridad.
- Tienen muchos miedos.

Por lo tanto, el problema no es que los padres estén equivocados en cuanto a los objetivos educativos, sino que la actitud y las acciones hiperprotectoras e hiperpermisivas para conseguirlos no son adecuadas, no funcionan, pero siguen actuando de la misma manera. Convirtiéndose en intentos fracasados de solución.

Los padres, al no conseguir aquello que originalmente se habían propuesto, con el tiempo cambian el objetivo. En muchas ocasiones, no como una decisión premeditada, sino como una forma de rebajar expectativas al no sentirse capaces de conseguir lo que realmente querían.

Por ejemplo, los padres quieren que sus hijos se responsabilicen de sus estudios y que estudien y hagan los deberes solos. Para ello, cuando los niños comienzan a tener deberes o exámenes los padres se sientan con ellos para que lo hagan. Inicialmente la idea es acompañarles en ese aprendizaje para que al final lo hagan solos. Pero los niños no suelen ponerse a hacer tareas escolares voluntariamente, lo que quieren es jugar. Los padres les dicen cada día que hagan los deberes, y se crea una dinámica en la que los padres persiguen a los hijos, diciéndoles infinidad de veces: «Ponte a hacer los deberes». No funciona. Los padres optan por sentarse con ellos, ayudarles y si hace falta sustituirles. Es la ayuda que no ayuda. Este intento fracasado de solución tiene un mensaje entre líneas muy claro: «Te ayudo porque tú solo no puedes». Los padres, viendo que el hijo no se responsabiliza, siguen «ayudándole». El niño se hace dependiente en lugar de autónomo. De manera que, sin darse cuenta, cambian el objetivo inicial por el de que lleve los deberes hechos y que apruebe los exámenes. Así es como el problema se alarga en el tiempo durante cursos. A no ser que hagamos algo diferente.

Esta es la dinámica habitual. Es lo que conocemos como causalidad circular. Es decir, si aquello que hacemos para intentar conseguir un objetivo o resolver un problema no funciona y continuamos haciendo lo mismo, produce una interacción con el otro, en este caso con el hijo, que cronifica y empeora el problema.

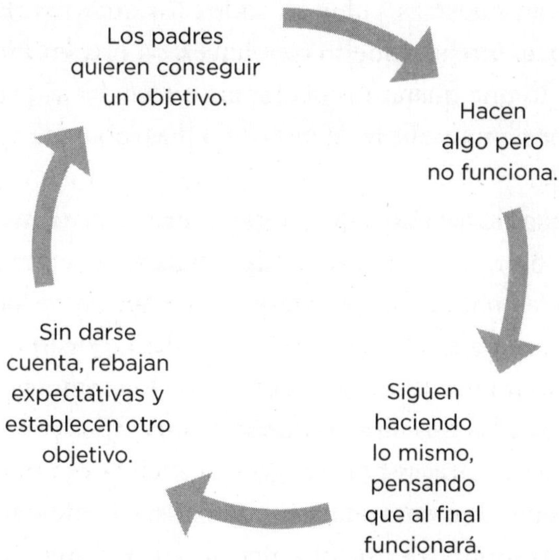

Los padres ayudan, protegen y consienten a sus hijos para que no sufran, los perciben como inseguros, incapaces, miedosos, que les cuesta, que no tienen práctica, etc. Así que los padres siguen actuando igual: les ayudan, protegen, permiten, etc.

Y los niños más de lo mismo, siguen creciendo, por un lado, con mucha ayuda, entre algodones, y cada vez les da más miedo crecer, ven que en la vida las cosas son difíciles y ellos no se sienten capaces. Por otro lado, creen que tienen todos los derechos sin ninguna obligación y que sus necesidades, opiniones o criterios son equiparables a los de los padres.

La necesidad de una valoración continuada de nuestras acciones y sus efectos no solo es aplicable a la educación de los hijos, sino a cualquier problema de pareja, familia o individual (fobias, obsesiones, depresión, ansiedad, etc.). De hecho, es una manera de pensar y actuar que deberíamos integrar en nuestras vidas en todos los ámbitos. Evaluar periódicamente si aquello que hacemos nos va bien, nos acerca a lo que queremos conseguir o resuelve el problema es una forma muy eficaz de responsabilizarnos y de aprender en la vida.

Es una de las bases de la terapia breve mediante la que acompaño a tantas personas: si algo va bien, sigue haciéndolo. Si no funciona: cámbialo. Habitualmente, este proceso de ver cuál es la alternativa distinta es difícil, por lo que aquí ofrecemos múltiples variantes comprobadas empíricamente a lo largo de las dos últimas décadas de práctica profesional.

«¿Cuántas veces te lo tengo que decir?» es una de esas frases que la inmensa mayoría de padres hemos dicho alguna vez. Simboliza no solo uno de los múltiples intentos fracasados de solución (decir veinte veces las mismas cosas), sino también una de las más importantes reflexiones de este libro: ¿cuántas veces he de hacer o decir algo y comprobar que no funciona para descartarlo como solución y hacer algo diferente?